国家自然科学基金（71863021）

江西省双千计划人才工程（JXSQ2019203021）

中国食品冷链创新对冷链风险管理能力的影响研究：基于冷链能力的中介作用

邵欣欣　姜泰元　高　阔　著

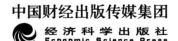

中国财经出版传媒集团

经济科学出版社

Economic Science Press

图书在版编目（CIP）数据

中国食品冷链创新对冷链风险管理能力的影响研究：基于冷链能力的中介作用/邵欣欣，姜泰元，高阔著. -- 北京：经济科学出版社，2023.5
ISBN 978 - 7 - 5218 - 4806 - 9

Ⅰ.①中… Ⅱ.①邵…②姜…③高… Ⅲ.①冷冻食品 - 物流管理 - 安全管理 - 研究 - 中国 Ⅳ.①F252.8

中国国家版本馆 CIP 数据核字（2023）第 099519 号

责任编辑：李　雪
责任校对：王京宁
责任印制：邱　天

中国食品冷链创新对冷链风险管理能力的影响研究：
基于冷链能力的中介作用
邵欣欣　姜泰元　高　阔　著
经济科学出版社出版、发行　新华书店经销
社址：北京市海淀区阜成路甲 28 号　邮编：100142
总编部电话：010 - 88191217　发行部电话：010 - 88191522
网址：www. esp. com. cn
电子邮箱：esp@ esp. com. cn
天猫网店：经济科学出版社旗舰店
网址：http：//jjkxcbs. tmall. com
北京时捷印刷有限公司印装
710 × 1000　16 开　12.5 印张　150000 字
2023 年 5 月第 1 版　2023 年 5 月第 1 次印刷
ISBN 978 - 7 - 5218 - 4806 - 9　定价：62.00 元
（图书出现印装问题，本社负责调换。电话：010 - 88191545）
（版权所有　侵权必究　打击盗版　举报热线：010 - 88191661
QQ：2242791300　营销中心电话：010 - 88191537
电子邮箱：dbts@ esp. com. cn）

前言

　　在当今的市场环境中，企业一方面需要通过不断创新取得竞争优势，保持可持续发展，另一方面，企业需要面对复杂多变的外部环境和各种不可预测事件的发生，供应链中断已成为威胁企业生存发展主要的因素之一，特别是在异常复杂脆弱的食品冷链领域，冷链食品对温度敏感，在运输和储存过程中容易腐烂和损坏，并且食品冷链比一般的供应链涉及更多的不确定性因素，因此冷链的结构更为复杂，不确定性和脆弱性也更高，更容易引发冷链的中断。如何在创新发展的同时又能培育出一个稳健而有弹性的供应链已经成为当下的重要研究课题。少量文献表示，供应链创新可以在一定程度上增强风险管理能力，但是对于不同的冷链创新如何增强风险管理能力还需要深入讨论。基于以上事实，本书通过系统的文献梳理和总结，以资源基础理论和动态能力理论为基础，结合能力层次模型，明确相关概念，构建了一个从冷链创新到冷链能力，再到冷链风险管理能力的理论模型，通过和中国物流与采购联合会冷链物流专业委员会合作发起问卷调查，收集了521家中国食品冷链企业的样本数据，并使用结构方程模型方法对模型中的若干变量和路径关系进行了研究。

（1）构建"冷链创新—冷链普通能力—冷链动态能力"的理论模型，并进行实证分析。本书结合资源基础理论和动态能力理论，根据能力层次划分框架，构建"冷链创新—冷链普通能力—冷链动态能力"的理论框架模型，其中：冷链创新由技术创新、流程创新、产品创新三个维度来描述和刻画；冷链普通能力由冷链能力表示，从信息交换、响应性、协调、活动整合四个维度来描述和刻画；冷链动态能力由冷链风险管理能力来表示，从冷链弹性和冷链稳健性两个维度来描述和刻画。将冷链能力作为中介变量引入，实证分析了冷链创新各维度对风险管理能力不同维度的具体影响机制，并具体计算了冷链能力各维度的中介效应占比。

（2）技术创新和流程创新对稳健性有显著的正向影响，对弹性的影响不显著；产品创新对弹性有显著的正向影响，对稳健性的影响不显著。进一步深入分析发现，技术创新和流程创新涉及技术研发和组织结构或业务流程的再造，往往需要投入大量的资金和人力，回报周期较长，因此在发生中大意外事件，也就是低概率高影响事件时，采取技术创新和流程创新对冷链中断的及时恢复并不能产生明显的作用；相反的，产品创新方便灵活，特别是在以物流企业为主的冷链领域，在冷链中断后及时通过引入新服务提供完美的问题解决方案，可以在很大程度上促进冷链弹性的提升，使得食品冷链能在短时间内快速恢复至正常水平甚至更高水平。而稳健性作为一种主动策略，能够积极主动地通过技术创新和流程创新形成稳健的冷链体系，充分做好事前准备，提高风险发生后应对风险的准备水平，可以更有效地应对日常中的

"高概率低风险"事件，因此，技术创新和流程创新对稳健性的促进作用表现更为显著。

（3）冷链能力在总体上介导了冷链创新对风险管理能力的促进作用，但冷链能力各个维度的中介作用存在差异。这表明食品冷链管理人员如果期望采取的创新战略对风险管理能力各个维度都能产生积极的正向影响，可以通过冷链能力的介导来实现。具体来说，信息交换和响应性介导了所有的冷链创新类型对冷链稳健性和弹性的影响作用，协调介导了流程创新和产品创新对稳健性和弹性的影响作用，而活动整合只介导了产品创新对稳健性和弹性的影响作用。

（4）不同的冷链创新类型对冷链能力各个维度的影响各不相同。技术创新对信息交换和响应性都有显著的正向影响，并且对信息交换的影响更大，但是对协调和活动整合的直接影响并不显著，技术创新的运用可以加快信息获取和信息交换的速度，帮助企业快速决策，提高环境变化的响应能力，但并不能直接促进协调和活动整合；流程创新对信息交换、响应性、协调都有显著的正向影响，但对活动整合的直接影响并不显著。流程创新需要对组织结构和业务流程进行重新设计或改进，不仅打破了既有的稳定流程，而且在更新或改进的过程中难免会引起部门间的冲突或出现某些异化，从而抵消了流程创新对活动整合的影响作用；产品创新对信息交换、响应性、协调和活动整合都有显著的正向影响。

（5）冷链能力对冷链风险管理能力具有显著的积极影响作用。在冷链能力对冷链风险管理能力的影响关系中，信息交换、响应性、协调和活动整合对冷链弹性的标准化路径系数分别为 0.201、

0.221、0.149、0.126，且显著，表明信息交换、响应性、协调和活动整合都正向影响冷链弹性，其中，响应性对弹性的影响最大，其次是信息交换和协调，活动整合对弹性的影响最小。同时，信息交换、响应性、协调和活动整合对冷链稳健性的标准化路径系数分别为0.140、0.169、0.393、0.179，且显著，说明信息交换、响应性、协调和活动整合都正向影响冷链稳健性，并且协调对稳健性的影响最大，其次是响应性和活动整合，信息交换对稳健性的影响最小。

（6）不同企业规模和企业性质对风险管理能力的形成机制具有显著差异。使用多群组方法分析了企业规模和产权特性等特征变量对风险管理能力形成机制的影响差异。大型冷链企业通过创新活动对冷链能力和风险管理能力的影响效果明显优于中小型企业，私营企业在通过创新增强冷链能力和风险管理能力表现上比国有企业更为活跃。

相比已有研究，本书把冷链创新细分为三个维度进行详细探讨，并引入了冷链能力作为中介变量，建立了一个新的理论模型，从实证的角度分析了不同冷链创新对稳健性和弹性构建的影响作用，明确了具体影响机制，丰富了冷链创新和风险管理能力相关研究，可为冷链管理者制定管理策略时提供可靠的参考依据，具有较高的理论和实践价值。

目录
CONTENTS

第1章

绪　　论

1.1　研究背景与目的

1.1.1　研究背景

在当前激烈又多变的市场环境中，日益加速的全球化进程和精益管理理念的广泛实施，进一步增加了供应链的复杂性和脆弱性，对供应链风险管理提出新的挑战。随着各种自然的或人为的经济破坏，供应链中断事件一再发生，给相关企业、消费者和整个社会经济造成了巨大的影响和损失，比如：2011 年 3 月，日本发生 8.9 级大地震，造成当地数百家汽车零部件供应商停产，许多汽车制造商被迫中断生产达半年之久；2018 年 8 月，非洲猪瘟在中国大流行，猪肉价格迅速上涨的同时，动物饲料（如大豆等）的消费量在 2019 年下降了 17%；2020 年年初爆发的新型冠状病毒疫情，不计其数的企业相继关闭或破产，数个行业陷入瘫痪，全球经济遭受重创。构建稳健而又有弹性的供应链，增强供应链的风险管理能力，已经成为供应链风险管理领域越来越重要的一个组成部分。这一迫切需求，在食品冷链行业表现更为显著。

食品冷链，因其主要对象是易腐食品（包括原料及产品），所以又称为易腐食品供应链（向丹和李洪军，2008）。冷链食品已成为人们生活中重要的一部分，从方便快捷的冷冻水饺到餐桌上必不可少的新鲜蔬菜，冷链在维持食品品质、保障食品安全、减少食品损耗方面起着至关重要的作用，并且随着生活水平的提高，消费者偏好转向新鲜度、质量和安全性，冷链食品在市场中的份额正在增加（Diop et al.，2005）。在过去十年中，全世界对高附加值食品的需求出现了特别的增长（Shashi & Singh，2015），但是，冷链食品对温度敏感（George，2000），在运输和储存过程中容易腐烂和损坏，并且保质期较短，其价值会随着时间的推移而逐渐降低（Noya et al.，2016），同时，食品冷链比一般的供应链涉及更多的不确定性因素，如天气变化、生物疾病、食品污染等，因此冷链的结构更为复杂，不确定性和脆弱性也更高（Noya et al.，2016），所有这些都增加了供应链的中断风险（Wang & Hao，2016）。对食品冷链的风险管理能力进行研究非常有必要和有意义。然而，已有的研究显示，与如何构建冷链的风险管理能力相关的文献几乎没有，在对冷链风险进行探讨时，往往停留在冷链风险的识别与评估阶段（徐娟和章德宾，2012；Nakandala et al.，2016；Shao et al.，2019），缺乏对管理者为预防或减轻风险而进行的决策过程的广泛探讨（Guo et al.，2018），虽然已普遍认识到温度和时间作为影响食品安全和质量的关键风险，但往往只专注于应用先进技术监测和控制温度和时间（Ndraha et al.，2018；Tsang et al.，2018），或通过供应链设计和流程来实现对冷链的最佳控制或有效性（Sharma & Pai，2015；黄福华和蒋雪林，2017），只有少数研究从决策和管理的角度关注冷链风险分析，但依然缺乏有意义的衡量方法和经验数据。

创新一直是学术界讨论的热门话题，虽然大部分学者认可创新是组织获得竞争优势和提高组织绩效的必要工具（Porter，1990；Flint et al.，2008；Liao et al.，2017），但创新在带来机遇的同时，也带来了风险，因为创新是在不确定的条件下发生的（Klein‑Schmeink & Peisl，2013）。从创新者的角度来看，创新可能会在市场上获得溢价；然而，从采用者的角度来看，他们面临着投资和放弃原始产品的巨大风险（Goldsmith，2001）。随着企业之间的竞争逐渐转变为供应链之间的竞争，供应链创新应运而生，传统的供应链管理不再适应多变的市场环境，必须要经过变革、创新，才能适应新形势的转变，但将供应链视角与创新视角结合起来的供应链创新仍然是一个新兴的研究领域，特别是专门针对冷链创新的实证研究基本没有。

中国作为世界性的农业生产与消费大国，近年来食品工业和电子商务快速发展，对冷链的需求不断增加，据中冷联盟预测，中国的冷链市场规模正以超过 20% 的复合年增长率持续增长，预计将在 2025 年达到 838 亿美元的市场规模，占全球冷链市场的近 1/4。然而，中国的食品冷链起步较晚，基础设施薄弱，虽然在国家的高度关注与相关政策的扶持下有了快速发展，果蔬、肉类、水产品的流通率分别由 2010 年的 5%、15%、23% 上升到了 2015

年的 22%、34% 和 41%，但与欧美等发达国家 95% 以上的流通率相比仍然存在巨大差距，同时，由于不完善的冷链体系造成的巨大食品浪费与价值损耗，频发的食品污染与质量安全事故，不断变化的消费者偏好，全球变暖引发的低碳运营管理，日益推进的全球化进程等，一系列的严峻形势让中国的食品冷链企业不得不思考，如何在创新发展的同时，增强冷链的风险管理能力，以减少冷链中断的发生，最大限度地降低风险损失。本书引入冷链能力作为中介变量，试图回答以下问题：

（1）不同的冷链创新如何影响冷链风险管理能力？

（2）冷链能力在冷链创新和冷链风险管理能力中有中介作用吗？如果有，具体的中介作用是怎样的？

1.1.2 研究目的

本书研究目的在于解析冷链创新三个维度对冷链风险管理能力两个维度的影响差异，以及作用过程中冷链能力的中介作用。具体来说，就是构建并且剖析冷链创新通过冷链能力影响冷链风险管理能力的机理过程，进而探索在不同企业规模和不同企业性质等特征变量下，冷链创新对冷链能力和冷链风险管理能力影响的差异，从而帮助冷链管理人员从自身情况出发，作出恰当的创新策略判断，在实现冷链企业快速发展的同时，能充分应对快速变化的外部环境，实现冷链企业的可持续发展。具体而言，本书研究试图探讨以下几个问题。

首先，冷链创新对冷链风险管理能力的影响机制研究。通过对创新和供应链创新相关文献的系统梳理，明确冷链创新的内涵，并将其细化为技术创新、流程创新和产品创新三个维度，冷链风险管理能力由冷链弹性和冷链稳健性两个维度来刻画。根据资源基础理论，构建冷链创新三维度对冷链风险管理能力两维度的影响关系模型，并通过实证研究对关系模型进行验证。

其次，研究冷链创新的技术创新维度、流程创新维度和产品创新维度对冷链能力的影响。通过系统的文献梳理，将冷链能力划分为信息交换、响应性、协调和活动整合四个维度，根据资源基础理论，构建冷链创新三个维度对冷链能力四个维度的作用路径，并通过数据分析对提出的路径模型进行验证。

再次，讨论冷链能力在冷链创新对冷链风险管理能力影响过程中的中介效应。根据动态能力理论和能力层次划分，构建冷链能力对冷链风险管理能力的路径影响，并通过实证研究对提出的理论模型进行验证。

最后，探讨不同企业规模和不同企业性质对作用机制的影响。通过多群组分析验证企业规模和企业性质等特征变量对冷链创新和冷链风险管理能力关系影响的调节作用。

1.1.3 创新点

冷链风险管理已经引起学者和从业人员的广泛关注，风险管理对减少风险破坏，保持供应链有效运作方面的重要性，已经得到了充分的认识，但相关研究还缺少经验数据的理论支撑，对建立供应链风险管理能力的分析还不够深入，特别是对更容易发生供应链中断的冷链关注较少。本书可能在以下几个方面对现有研究作出补充。

（1）构建"冷链创新—冷链普通能力—冷链动态能力"的理论模型，将冷链能力作为中介变量引入冷链创新与风险管理能力的关系中，并进行实证分析。已有研究证实，供应链创新可以影响风险管理能力的形成，但是对于供应链创新如何影响风险管理能力的形成并没有得到深入的探讨，本书结合资源基础理论和动态能力理论，根据能力层次划分框架，构建"冷链创新—冷链普通能力—冷链动态能力"的理论框架模型，冷链创新从技术创新、流程创新、产品创新三个维度刻画，冷链普通能力由冷链能力来表示，从信息交换、响应性、协调和活动整合四个维度刻画，冷链动态能力由冷链风险管理能力来表示，由冷链弹性和冷链稳健性两个维度来刻画。将冷链能力作为中介变量引入，实证分析了冷链创新各维度对风险管理能力不同维度的具体影响机制，并具体计算了冷链能力各维度的中介效应占比，为创新和风险管理能力的关系研究进行了有益的拓展。

（2）细化冷链创新分类，本书将冷链创新从技术创新、流程创新、产品创新三个维度来描述和刻画，对冷链创新和供应链创新研究进一步补充和深入。现在关于冷链创新和供应链创新的文献大都从单一维度进行考察，忽视了冷链创新不同维度对冷链能力和冷链风险管理能力的影响存在差异的事实，本书从技术创新、流程创新、产品创新三个维度考察冷链创新对冷链能力和冷链风险管理能力的影响，更全面地揭示影响过程，是对单一维度研究的有益补充。

（3）本书将冷链风险管理能力从冷链弹性和冷链稳健性两个维度来描述和刻画，分别探讨了冷链创新对两种风险管理能力影响机制的差异，充实了冷链创新和供应链创新与风险管理能力的相关性研究。目前与冷链或供应链风险管理能力相关的实证研究，大多只关注一种风险管理能力的构建，本研究认为稳健性和弹性分别应对不同的风险事件［高概率低影响（HPLC）事件和低概率高影响（LPHC）事件］，构成一个完整的冷链风险管理能力体系。同时，对两种风险管理能力的影响机制进行探讨非常有必要。

（4）将企业特征变量纳入研究框架。区分了不同企业规模和企业性质等特征变量对风险管理能力形成机制影响的差异。本书基于异质企业贸易理论区分了不同企业规模和企业性质背景下，冷链创新类型对稳健性和弹性形成机制的影响差异，为企业根据其背景特征有针对性地选择创新策略提供了决策依据。

1.2　研究方法与构成

1.2.1　研究方法

本书主要使用定性研究与定量分析相结合的方法。

定性研究方法：对创新和供应链创新相关文献进行梳理，明确了供应链创新的定义，并在此基础上，提出冷链创新的定义。根据现有成熟的创新类型划分标准，选取涵盖整个冷链的所有相关功能，并且各相关方都可接受的创新类型，将冷链创新细分为技术创新、流程创新、产品创新三个维度。对资源基础理论和动态能力理论进行回顾，并围绕动态能力理论对普通能力和动态能力加以区分，对冷链能力的构成维度进行梳理，对风险管理能力的关键指标——稳健性和弹性进行定义，对相关文献进行回顾，为本研究理论模型的提出提供了理论支持与经验借鉴。

定量分析方法：通过问卷调研获得数据后，使用结构方程模型方法对数据和构建的理论模型进行多元统计分析。具体来说，借助 Spss24.0 和 Amos21.0 软件对回收的问卷数据进行处理，主要涉及描述性统计分析，探索性因子分析，信度分析，确定性因子分析，聚合效度分析，共同方法偏差分析，相关分析，结构模型的整体拟合检验，假设验证及相关路径分析，中介效应分析和多群组分析。第一，进行描述性统计分析以了解样本的统计特征，对样本对象有初步了解。第二，使用探索性因子分析，对因子载荷和因子分组进行观察，判断与预期是否一致，并进行信度检验。第三，对测量模型进行确定性因子分析，以验证因子与测量项之间的对应关系，并对测量模型的聚合效度和共同方法偏差进行检验。第四，通过相关分析比较相关系数和显著性水平，对各变量间的相关强度进行判断。第五，进行结构模型整体适配度检验，以了解模型与数据的拟合情况，再对模型进行路径分析，掌握构成概念之间的具体关系，对提出的研究假设进行验证。第六，对冷链能力的中介效应进行分析，明确总的中介效应和具体路径的中介效应以及中介效应占比。最后，进行多群组分析，探索企业异质性带来的差异性影响。

1.2.2　研究内容

本书从构建风险管理能力对冷链的必要性出发，结合中国食品冷链的现实状况，在对国内外相关文献进行系统梳理的基础上构建了理论模型，通过对中国食品冷链相关企业进行问卷调研获取研究数据，对理论模型进行了实证分析，最后根据分析结果，为中国食品冷链相关企业增强风险管理能力提供了有针对性的建议，并指出了本研究的不足。主要分为以下五个部分。

第 1 章，绪论。对研究的背景和目的，研究方法与研究流程进行介绍。

第 2 章，文献综述。分别对冷链创新、冷链能力、风险管理能力等概念与相关理论，以及构成维度进行了回顾，为理论模型的构建做准备。

第 3 章，模型和假设。在第 2 章的基础上，构建本研究的理论模型，并在前人相关研究的基础上，提出本研究模型的路径假设与完成相应变量的问卷测量题项。

第 4 章，实证分析。根据正式调研收集的结果进行数据整理和分析，运用 SPSS 和 Amos 软件分别进行模型的信度与效度检验、模型适配度检验，并验证该理论模型的路径假说与具体路径系数强度，冷链能力的中介效应分析，以及企业特征变量的调节分析。

第 5 章，结论。对分析结果进行描述，根据实证分析结果提出针对冷链风险管理的参考策略，并指出本研究存在的不足。

研究内容与技术路径如图 1 - 1 所示。

图 1-1　研究内容及技术路线图

第 2 章

文 献 综 述

2.1 理 论 基 础

理论基础有助于我们理解特定的现象，识别变量之间的关系，并增强不同背景下结论的普适性（Foy et al.，2011）。在众多的供应链管理和战略管理文献中，最常用到的是资源基础理论和动态能力理论，了解和认识相关理论，可以让我们对研究模型的构建和提出有明确的理论支撑，对冷链创新、冷链能力和风险管理能力相关变量之间的关系有清晰的认识，也使得研究成果从理论推广到实践变得容易，因此，在开始研究之前需要更多地了解认知这一对象的理论基础。

2.1.1 资源基础理论

资源基础理论（resource-based theory，RBT）也称为资源基础观

（resource-based view，RBV）。基于彭罗斯（Penrose，1959）的企业内在成长理论，沃纳菲尔特（Wernerfelt，1984）从企业是资源集的观点出发，将资源分为有形和无形两种，分析了企业拥有的资源与盈利能力之间的关系，认为那些难以模仿、难以交易的特殊资源，尤其是异质性资源可以使企业处于优势地位，从而获得高回报。在此基础上，大量学者进一步对资源的性质和关键资源的识别进行了探讨。

巴尼（Barney，1991）进一步将资源分为物质资源（physical capital resources）（企业使用的物理技术、工厂与设备、地理位置、获取原材料的途径等）、人力资源（human capital resources）（工人培训、经验、智力、关系等）、组织资源（organizational capital resources）（公司的报告结构、正式与非正式的计划、控制和协调系统、公司内部团体之间和公司与其环境中的团体之间的非正式关系等）三类，并指出那些具有价值（valuable）、稀缺（rare）、不完全可模仿（imperfectly imitability）和不可替代（non-substitutab）的资源可以成为企业持续竞争优势的来源。价值性表明企业拥有的资源在顾客创造、降低成本等方面的优势；稀缺性表明资源供应短缺难以获得；不可替代性是指资源的功能不能被其他资源取代或超越；不可复制性是指资源不可被复制或者复制成本极高。具有上述四种特质的资源是企业竞争优势的源泉（Lorenzoni，2010）。阿密特和休梅克（Amit & Schoemaker，1993）则认为帮助企业获得竞争优势的特殊资源还包括能力，比如基于信息的能力，可以称其为"无形资产"，公司应当有一整套资源和能力，并将那些难以交易和模仿、稀缺、专有和专门化的资源和能力定义为战略资产，它们包括：技术能力；快速的产品开发周期；品牌管理；更好地访问分销渠道；有利的成本结构；买卖双方关系；公司的已安装用户群；研发能力；公司的服务机构；它的声誉等。格兰特（Grant，1991）基于资源的观点，提出一个以资源为基础的 5 步战略制定分析方法，认为资源是企业盈利能力的基础，资源建立了企业的能力，而能力是竞争优势的直接来源，并定义资源是生产过程的输入——它们是分析的基本单位，能力是指一组资源执行某些任务或活动的能力。马卡多克（Makadok，2001）进一步强调了能力和资源的区别，将能力定义为"组织所特有的，内嵌于组织中不可移动的，旨在提高其他资源生产率的特殊资源"。资源基础理论试图从企业拥有的内部资源出发，解释企业如何获取市场竞争优势并予以保持，这种基于资源的观点得到了广大学者的关注，迅速成为战略研究领域的一个重要的理论基础，并在多个研究领域得到运用。

同其他社会科学研究领域的理论一样，资源基础论同样存在着必然的缺陷。袁和袁（Yuan & Yuan，2007）从组织学习（organizational learning）的角度批评 RBV 过分强调组织内部资源的异质性，在动态的环境下，如果企业不能及时进行变革，优势甚至可能变成劣势（Schreyögg & Kliesch – Eberl，2007）。另外，对于资源如何转换为竞争优势的机制，资源基础论并没有清晰地说明。换句话说，连接资源和产品市场的因果机制仍然是模糊的，迪瑞克斯和库尔（Dierickx & Cool，1989）认为正是这种模糊因果关系的存在，才是竞争优势的源泉。

2.1.2　动态能力理论

作为对资源基础理论的延伸和补充，动态能力理论在资源基础理论的基础上被提了出来。动态能力理论吸收了资源/能力的演化性质，强调了企业能力随着外部环境的变动而不断地变化的动态性。自动态能力概念提出以来，受到了众多学者的关注，逐渐发展成为战略管理领域最具影响力的理论之一。

由于动态能力的抽象性和模糊性（Danneels，2002），至今仍未形成一致的概念。蒂斯等（Teece et al.，1997）基于资源的视角，界定企业动态能力为企业通过整合、构建和重组内外部资源，从而适应动荡多变的外部环境的能力，其特征是快速或不连续的变化。赫尔芬特和彼得瑞夫（Helfat & Peteraf，2003）认为资源基础理论主要处理已有资源，动态能力理论则是重构这些资源。温特（Winter，2003）同意科利斯（Collis，1994）关于动态能力是高阶能力的说法，并从能力层次结构（capability hierarchy）视角区分了动态（高阶）能力和普通（0 阶/运营 operational）能力，将普通或"zero-level"能力定义为允许企业在短期内"谋生"的能力，将动态能力定义为扩展、修改或创造普通能力的能力。赫尔芬特等（2007）和巴雷托（Barreto，2010）综合学者们的研究，将动态能力总结为组织感知机会和威胁倾向、及时做决策和修改其资源基础来系统解决问题的潜在能力。蒂斯（2009）进一步对动态能力进行理解，认为以前对动态能力的定义强调企业被动地适应环境的变化，现在应该从改变环境的视角定义动态能力，有条件的企业应该发现机会甚至创造新的商业机会。巴雷托（Barreto，2010）认为动态能力是企业通过感知机会和威胁、以市场为导向且及时作出决策并改变资源基础而形成的系统解决问题的能力。此外，创新被引入了对动态能力的理解中。蒂斯（2014；2016）解释说，动态能力与创新和有效性有关，而普通能力与效率相关，进一步区分了动态能力与普通能力的差异，突出了创新与动态能力的紧密联系。曹和康（Cao & Kang，2018）对动态能力相关概念进行梳理后，将动态能力概括为：适应不断变化的环境，适时调整、整合、更新和重置资源，保持企业可持续发展的动力。冯军政和魏江（2011）通过大量的动态能力文献梳理，提倡坚持动态能力概念的传统界定方法，也就是从抽象的企业组织和管理过程视角来定义动态能力，因此，本书赞同蒂斯等学者的观点，认为动态能力是一种通过市场感知，对企业资源和能力进行重构和整合而完成组织和管理过程的能力，属于一种高阶能力。

2.2　冷　　链

冷链的应用起源于 19 世纪上半叶冷冻机的发明，到了 19 世纪下半叶，随着家用电冰箱的出现，冷冻保鲜食品市场迅速打开，冷链发展迎来春天。到 20 世纪 30 年代，食品冷链体系在欧美国家初步建立，第二次世界大战摧毁了欧洲的冷链系统，随后又迅速重建，现在欧美发达国家已形成了完整的食品冷链体系。在中国，冷链的实际应用要早于对冷链的研究，我国的冷链最早产生于 20 世纪 50 年代的肉食品外贸出口，并改装了一部分保温车辆（方昕，2004）。1982 年是中国的冷链历史上极其重要的一年，这一年我国与联合国儿童基金会、世界卫生组织合作开展了计划免疫 – 冷链项目，颁布了《食品卫生法》，从而推动了药品冷链和食品冷链的发展起步。40 年来，中国的冷链不断发展，以生鲜产品、农产品、食品加工和医药行业的一些龙头企业为先导，已经不同程度地建立了以自身产品为核心的冷链体系。随着冷链应用的不断推广，关于冷链方面研究也越来越受到专家学者们的关注和重视。

2.2.1 冷链的定义

1894 年，美国人巴尔里尔（Barrie）和英国人莱迪齐（Ruddich）最早提出冷藏链（cold chain）的概念（Bogataj et al.，2005；白世贞等，2011）。继劳埃德（Lloyd，1977）将冷链定义为在非常低的温度下运输和储存疫苗的系统后，中国卫生组织引入冷链的概念，并在很长一段时间内，冷链作为活疫苗保存与配送的必要条件，在医学应用领域得到广泛研究。1998 年，由中国制冷协会和中国肉类协会在北京联合举办"21 世纪中国食品冷藏链大会暨速冻食品发展研讨会"（嘉昌，1998），开启了中国研究冷链的新阶段，冷链在食品行业的研究也逐渐增多起来。同年，钟秀安（1998）发表在中国商贸零售业态上的"加强冷链系统建设，发展生鲜商品经营"一文，对冷链进行了全面的定义："冷链，又称'冷藏链'，是指适度低温状态下产、储、运、销各类生鲜商品（蔬菜、水果、肉类、水产、花卉和部分药品等）的运行全过程及其实施条件配套的综合系统网络。"并在文中详细地阐述了冷链的基本流程和 3P（produce、processing、package），3C（care、clean、cool），3T（time、temperature、tolerance），3Q（quantity、quality、quick）等实现条件。

乔治（George，2000）认为冷链是供应链的一个分支，负责处理对温度敏感的产品，例如易腐食品、糖果和药品。方昕

（2004）进一步定义食品冷链（cold chain）是指易腐食品从产地收购或捕捞，在产品加工、贮藏、运输、分销、零售、直到转入到消费者手中，其各个环节始终处于产品所必需的低温环境下，以保证食品质量安全，减少损耗，防止污染的特殊供应链系统。袁平红（2006），王强等（2007）有同样的观点，并将冷链也称作低温物流（low temperature logistcs），因其主要对象是易腐食品（包括原料及产品），所以国外普遍称其为易腐食品冷藏链（perishable food cold chain）。比沙拉（Bishara，2006）也称冷链是易腐物品的供应链（SC），它保护了各种食品、药物和化学产品在不适当的温度、湿度、轻微或特殊的污染物暴露下的降解，使它们保持冷冻、冷藏和新鲜状态。希普（Heap，2006）则认为冷链虽然通常被视为温度受控易腐货物的初始生产和最终消费者之间的运输和存储链，但这并不是一个完整的定义，因为在温度控制下还有其他的物品。韩等（Han et al.，2017）也认为冷链包含易腐产品（perishable goods）和温度敏感产品（temperature sensitive products）的冷藏冷冻保管、运送、流通等。

王之泰（2010）认为冷链是对特定产品或货物自生产到流通，再到消费的全过程都处在特殊的低温环境系统。陶克斯等（Taoukis et al.，2015）将冷链定义为一组制冷步骤，可维持消费者从生产到消费的食品质量和安全性。相似的，默西埃等（Mercier et al.，2018）将食物保持在所需温度下的一系列制冷操作称为冷链。顾和金（Koo & Kim，2018）认为冷链是对温度敏感产品从生产到最终供应给消费者的流通全过程的低温流通系统，以产品质量和安全保障为目的运营，冷链的流程是从农场到餐桌（farm to table），即通过执行获得原材料和冷却→冷藏保管→冷藏加工→

冷藏运输→冷藏销售的过程，利用冷链对生鲜食品进行运送可以达到维持新鲜度和减少废弃物的效果。蔡宁（2019）详细定义冷链（cold chain）是特指某些食品原料、经过加工的食品或半成品、特殊的生物制品和药品在经过收购、加工、灭菌、灭活后，在产品加工、贮藏、运输、分销和零售、使用过程中，其各个环节始终处于产品所必需的特定低温环境下，减少损耗，防止污染和变质，以保证产品食品安全、生物安全、药品安全的特殊供应链系统。

除此之外，一些学者还使用"cold-chain supply"（马千里（2019），"cold supply chain"（Shashi & Singh，2015），"cold logis-tic chain"（Bogataj et al.，2005）等术语来称呼冷链，并认为冷供应链这个术语与其他产品供应链非常相似，但是两者之间的主要区别在于环境条件（例如温度、湿度、光线等）的作用（Shashi & Singh，2015），沙巴尼等（Shabani et al.，2015）也表示冷链（CC）一词用于描述特定的SC，其活动和过程可确保易腐产品的温度控制，因此，冷链也可称为特殊温度处理供应链（Shashi & Singh，2015）。崔等（Choi et al.，2018）学者也指出，温度管理供应链（temperature controlled supply chain），温度管理物流（tem-perature controlled logistics）等概念会被用来定义冷链，在韩国的政府部门和学术界，冷链一般称作"低温物流"而被使用。虽然杨萌（2018）指出冷链物流更侧重物流层面的内容，但学者在进行相关研究时，基本将冷链与冷链物流等同使用，比如王娟娟和吕晓燕（2018），阎薪宇等（2017）。

冷链（cold chain）概念研究的重要时间线如图 2 - 1 所示。

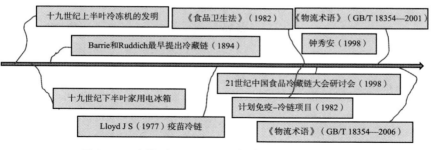

图 2 - 1　冷链（cold chain）概念研究重要时间线

同时，官方和行业组织也对冷链给出了相应的定义。欧盟定义冷链为"冷链是指原材料的供应、经过生产、加工或屠宰，直到最终消费为止的一系列有温度控制的过程。冷链是用来描述冷藏和冷冻食品的生产、配送、存储和零售这一系列相互关联的操作的术语"（Clark et al.，2009）。美国食品药物管理局（Food and Drag Administration）定义冷链为冷链的低温控制系统贯穿了生鲜农产品从"农场"到"餐桌"的所有环节，这个系统可以防止有害物质的产生，从而更好地保障产品质量。日本大辞典定义冷链是指低温流通体系，强调冷链物流技术的发展，普遍采用包括采后预冷、整理、贮藏、冷冻、运输、物流信息等规范配套的流通体系（Clark et al.，2009）。《物流术语》（GB/T 18354—2006）将冷链定义为：根据物品特性，为保持其品质而采用的从生产到消费过程中始终处于低温状态的物流网络。

综上所述，本书认可绝大多数学者的观点，认为冷链是供应链的一个分支，是全程需要温度监控的特殊供应链。冷链概念的有关阐述见表 2 - 1。

表 2 - 1　　　　　　　　　　　　冷链概念阐述

序号	作者及单位	主要观点
1	巴尔里尔和莱迪齐 （Barrier & Ruddich，1894）	最早提出了冷藏链的概念
2	欧盟 （European Union）	冷链是指易腐产品的特殊供应链系统，它包括产品经过生产、加工、包装、配送以及消费环节的一系列有温度控制的过程
3	美国食品药物管理局 （Food and Drag Administration）	冷链的低温控制系统贯穿了生鲜农产品从"农田"到"餐桌"的所有环节，这个系统可以防止有害物质的产生，从而更好保障产品质量
4	日本大辞典	冷链是指低温流通体系，强调冷链物流技术的发展，普遍采用包括采后预冷、整理、贮藏、冷冻、运输、物流信息等规范配套的流通体系
5	劳埃德（Lloyd，1977）	在非常低的温度下运输和储存疫苗的系统
6	钟秀安（1998）	又称"冷藏链"，是指适度低温状态下产、储、运、销各类生鲜商品（蔬菜、水果、肉类、水产、花卉和部分药品等）的运行全过程及其实施条件配套的综合系统网络
7	乔治（George，2000）	冷链是供应链的一个分支，负责处理对温度敏感的产品，例如易腐食品，糖果和药品
8	方昕（2004）	易腐食品从产地收购或捕捞，在产品加工、贮藏、运输、分销、零售、直到转入消费者手中，其各个环节始终处于产品所必需的低温环境下，以保证食品质量安全，减少损耗，防止污染的特殊供应链系统
	博加塔等 （Bogataj et al.，2005）	冷藏物流链（cold logistic chain）
9	袁平红（2006）， 王强等（2007）	低温物流（low temperature logistcs），因其主要对象是易腐食品（包括原料及产品），所以国外普遍称其为易腐食品冷藏链（perishable food cold chain）

续表

序号	作者及单位	主要观点
10	《物流术语》（GB/T 18354—2006）	冷链是指根据物品特性，为保持其品质而采用的从生产到消费的过程中始终处于低温状态的物流网络
11	比沙拉（Bishara，2006）	冷链是易腐物品的供应链（SC），它保护了各种各样的食品，药物来和化学产品的降解，不适当的温度暴露、湿度、轻微或特殊的污染物使它们保持冷冻、冷藏和新鲜状态
12	王之泰（2010）	冷链是对特定产品或货物自生产到流通，再到消费的全过程都处在特殊的低温环境系统
13	沙希和辛格沙巴尼等（Shashi & Singh，2015）	冷供应链（cold supply chain）是特殊温度处理供应链
15	沙巴尼等（Shabani et al.，2015）	特定的 SC，其活动和过程可确保易腐产品的温度控制
16	陶克斯等（Taoukis et al.，2015）	将冷链定义为一组制冷步骤，可维持消费者从生产到消费的食品质量和安全性
18	韩等（Han et al.，2017）	易腐产品（perishable goods）和温度敏感产品（temperature sensitive products）的冷藏冷冻保管、运送、流通等
19	塞缪尔·梅西埃（Samuel Mercier，2018）	食物保持在所需温度下的一系列制冷操作称为冷链
20	顾和金（Koo & Kim，2018）	冷链是对温度敏感产品从生产到最终供应给消费者的流通全过程的低温流通系统，以产品质量和安全保障为目的运营
21	蔡宁（2019）	冷链（cold chain）是特指某些食品原料、经过加工的食品或半成品、特殊的生物制品和药品在经过收购、加工、灭菌、灭活后，在产品加工、贮藏、运输、分销和零售、使用过程中，其各个环节始终处于产品所必需的特定低温环境下，减少损耗，防止污染和变质，以保证产品食品安全、生物安全、药品安全的特殊供应链系统

2.2.2　冷链的特征

冷链的形成必须满足两大条件：一是冷，即低温环境；二是链，指在整个物流过程中，即从生产——运输——储存——加工——销售，每一个环节都处于低温环境下，并且各个环节之间的衔接也要处于低温环境下，否则就会出现冷链的断裂。实现条件需要满足：（1）"三 T"条件即"T. T. T"理论，包括时间（time）—温度（temperature）—容许变质量（或耐藏性，tolerance），1958 年美国的阿萨德等人提出的冷冻食品品质保证的时间、温度、耐藏性的容许限度，即"3T"概念（林志民，1998）；（2）"三 P"理论，即原料品质（produce）好、处理工艺（processing）质量高、包装（package）符合货物的特性，美国的左尔补充提出冷冻食品品质还取决于产品冻前质量、加工方式、包装等因素，即"3P"理论；（3）"三 C"理论，即在整个加工与流通过程中，对生鲜商品的爱护（care）、清洁卫生（clean）的条件，以及低温（cool）的环境；（4）"三 Q"条件，即冷链中设备的数量（quantity）协调、设备的质量（quality）标准一致以及快速（quick）的作业组织；（5）"三 M"原则，即新鲜度维持设施和手段（means），新鲜度维持方法（methods）和管理组织（management）。这些理论不仅成为低温食品加工流通与冷链设施遵循的理论技术依据，更重要的是它们奠定了低温食品与冷藏链发展和完善的坚实的理论基础（吕峰，2000）。

关于冷链流程也有不少专家学者进行了有益的探索（龚树生，2006；刘宏伟，2004；方昕，2004；韩宇红，2006）。龚树生

（2006）从冷链上下游来分析冷链的节点构成及冷鲜的模式，冷链的上游是养殖或种植基地、冷链仓库、生产加工及基地、冷冻冷藏食品生产企业等，中间环节为冷藏仓库、物流中心（农产品产地批发市场和销售地批发市场）、配送中心、中间商和供应商等，冷链的下游是农贸市场、超市、零售商、酒店、餐馆、家庭等，并认为中国冷链网络模式主要有三类：单一经济体的网络模式、区域内的网络模式和跨区域的网络模式。刘宏伟（2004）认为冷链由四个环节流程构成：流通加工、运输、储藏和零售。食品冷链由冷冻加工、冷冻贮藏、冷藏运输及配送、冷冻销售四个方面构成。（1）冷冻加工：包括肉禽类、鱼类和蛋类的冷却与冻结，以及在低温状态下的加工作业过程；也包括果蔬预冷、各种速冻食品和奶制品的低温加工等。在这个环节上主要涉及的冷链装备是冷却、冻结装置和速冻装置。（2）冷冻贮藏：包括食品的冷却储藏和冻结储藏，以及水果蔬菜等食品的气调贮藏，它是保证食品在储存和加工过程中的低温保鲜环境。在此环节主要涉及各类冷藏库/加工间、冷藏柜、冻结柜及家用冰箱等。（3）冷藏运输：包括食品的中、长途运输及短途配送等物流环节的低温状态。它主要涉及铁路冷藏车、冷藏汽车、冷藏船、冷藏集装箱等低温运输工具。在冷藏运输过程中，温度波动是引起食品品质下降的主要原因之一，所以运输工具应具有良好的性能，在保持规定低温的同时，更要保持稳定的温度，远途运输尤其重要。（4）冷冻销售：包括各种冷链食品进入批发零售环节的冷冻储藏和销售，它由生产厂家、批发商和零售商共同完成。随着大中城市各类连锁超市的快速发展，各种连锁超市正在成为冷链食品的主要销售渠道，在这些零售终端中，大量使用了冷藏/冷冻陈列柜和储藏库，它们成为完整的食品冷链中不可或缺的重要环节（方昕，2004）。韩宇红（2006）认为冷链由冷冻加工、冷冻贮藏、冷藏运输及配送、冷冻销售4个方面构成。

冷链概念模型如图2-2所示。

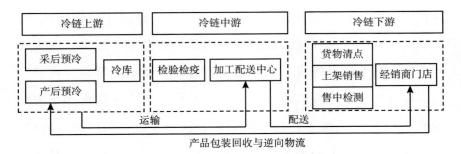

图2-2 冷链（cold chain）概念模型

2.2.3 中国冷链现状

中国的冷链起步于20世纪50年代的肉食品外贸出口。1982年颁布的《中华人民共和国食品卫生法（试行）》，促成了中国食品冷链的诞生。近几十年来，随着经济的发展，人民生活水平的提高，中国的食品冷链不断发展，特别是近年来全球贸易加速，电子商务极速发展，冷链物流需求持续攀升，冷链物流规模逐步增长。作为农业生产和农产品消费大国，蔬菜、水果、肉类、禽蛋、水产品等生鲜农产品产量连续多年居世界第一，尽管2018年中国经济面临下行压力，中国冷链物流整体市场仍稳步扩张，目前，我国冷链物流规模已突破3000亿元，且每年保持15%以上的增速，2019年我国冷链物流行业的市场规模达到3391亿元，同比增长 17.50% , 食品冷链物流需求量约 2.35 亿吨, 同比增长 24.65%。据中冷联盟预测, 至 2025 年, 冷链物流行业市场规模将突破 5500 亿元。具体数据如图 2 – 3 所示。

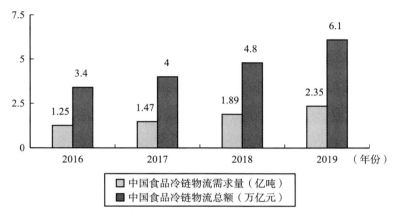

图 2 – 3　2016 ～ 2019 年中国食品冷链物流需求量、物流总额统计情况

资料来源: 根据中物联冷链委、前瞻产业研究院资料整理。

与之相配套的基础设施和市场环境也在不断完善和改善, 据中物联冷链委统计, 2019 年全国冷藏车保有量为 21.47 万台, 同比增长 19.3% , 中国冷库容量达到 6052.5 万吨, 同比增长 15.6% , 如图 2 – 4、图 2 – 5 所示。

与此同时, 政府层面高度重视冷链物流的发展, 近年来支持力度不断加大, 在多个文件中提出了健全农产品冷链物流体系, 支持冷链物流基础设施建设等要求, 促进冷链物流行业的快速完善。自 2014 年以后, 冷链物流相关政策趋向完善, 仅 2017 年, 国家层面上先后制定出台了《"十三五"现代综合交通运输体系发展规划》《商贸物流发展"十三五"规划》《关于加快发展冷链

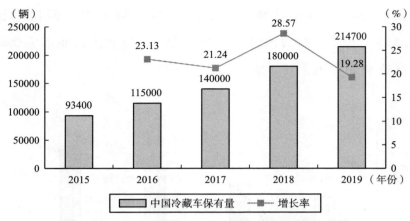

图 2 - 4　2015～2019 年中国冷藏车保有量及增长情况

资料来源：根据中物联冷链委、前瞻产业研究院资料整理。

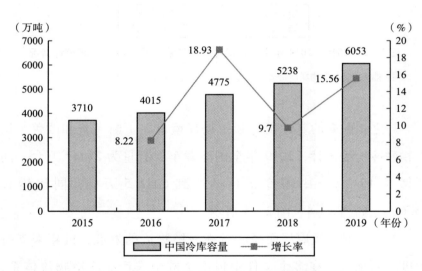

图 2 - 5　2015～2019 年中国冷库容量及增长情况

资料来源：根据中物联冷链委、前瞻产业研究院资料整理。

物流保障食品安全促进消费升级的意见》《关于加快发展冷链物流
保障食品安全促进消费升级的实施意见》《关于积极推进供应链创

新与应用的指导意见》《关于提升餐饮业质量安全水平的意见》等文件，推出了农产品冷链流通标准化示范城市及企业试点、评估等活动，从政策、法规、行业标准等角度推动了整个物流行业转型升级，为冷链物流行业发展提供了积极的政策环境。详细政策汇总参见表 2-2。

表 2-2　　　　2014~2017 年国家层面关于冷链物流的政策汇总

分类	年份	政策	发布机构
总体规划	2014	物流业发展中长期规划（2014—2020 年）	国务院
	2017	"十三五"现代综合交通运输体系发展规划	国务院
	2017	商贸物流发展"十三五"规划	商务部等
政策扶持	2014	关于进一步促进冷链运输物流企业健康发展的指导意见	发改委等
	2016	中央财政支持冷链物流发展的工作通知	财政部等
	2017	加快发展冷链物流保障食品安全促进消费升级的意见	国务院
	2017	加快发展冷链物流保障食品安全促进消费升级的实施意见	交通部
	2017	国务院办公厅关于积极推进供应链创新与应用的指导意见	国务院

尽管中国的冷链物流取得了快速的发展，但由于起步晚，市场化时间短，尚未形成完整独立的冷链物流体系。与发达国家相比，国内冷链市场分散，市场参与者主要为众多区域性或地方性的冷链企业，存在配套设施薄弱、运输率低、耗损高等诸多问题，仅果蔬一类，每年损耗金额就达 1000 亿元以上。果蔬、肉类、水

产品的流通率虽然由 2010 年的 5%、15%、23% 上升到了 2015 年的 22%、34% 和 41%，但与欧美等发达国家 95% 以上的流通率相比仍然存在巨大差距，而果蔬、肉类、水产品流通腐损率则分别达到 20%～30%、12%、15%，而在欧美发达国家，果蔬流通腐损率一般仅为 5%～6%。冷链物流的质量和效率都无法满足市场需求。另外，冷链物流的发展还仅仅停留在运输与冷藏环节，运用先进信息技术的冷链物流管理体系还明显不够健全，冷链不冷、断链等现象时有发生。中国冷链物流暴露出的诸多问题，与巨大的需求市场形成了结构性矛盾，这是制约冷链发展的要因之一，同时也是未来食品冷链发展的核心动力。

2.3　冷链创新

创新被个人或其他采用单位视为新的想法、实践或对象（Rogers，1995），德鲁克（Drucker，1985）将创新视为企业家的一种特定工具。创新是许多公司成功的关键，包括物流服务提供商。很多公司不断推动创新，并继续致力于增加为客户创造的价值，以便有效竞争。学术研究也强调创新对企业绩效的重要性。供应链创新和冷链创新会拓展公司商业模式，提高企业竞争力（Abdelkafi & Pero，2018），具体来说，创新、新产品发展、市场导向、顾客价值和组织学习研究都指向研究市场，并将这些知识用于产品和流程的重要性与组织绩效相关的改进。然而，冷链研究在很大程度上忽视了创新的概念（Flint et al.，2008）。

2.3.1　冷链创新定义

有相当多的研究表明，创新是改善组织绩效，获得持续竞争优势，在激烈的市场竞争中立足于不败之地的关键因素。随着供应链的日益发展，全球一体化进程的不断加快，传统的企业之间的竞争已经演变成了供应链与供应链之间的竞争，人们对供应链创新的认识与关注程度不断提高。组织越来越意识到，他们在供应链中的创新水平对于战略成功和长期生存至关重要。它为实现可持续的竞争优势和有效应对快速变化的市场的能力提供了支持，因为尽管存在巨大的技术不确定性，但组织仍在努力创新（Seo et al.，2014）。供应链创新也被越来越多的学者所提及。

马隆和克劳斯顿（Malone & Crowston，1994）认为供应链创新主要是链上企业的合作，企业间需要通过建立适当的关联、协调关系，保持目标、决策的一致性，从而实现供应链整体的目标，达到供应链整体利益最大化。供应链创新以新的和先进的供应链技术和投资形式出现（Wagner，2008），它是一个复杂的过程，通过利用技术创新和流程创新产生信息处理和新的物流服务，以便为客户需求提供解决方案，并确定更好的过程的新方法（Lee et al.，2011），具体来说，供应链创新包括技术改进的供应链流程和程序，以及产品、流程或服务的变化，以提高效率或提高最终客户的满意度（Seo et al.，2014；Abdallah et al.，2016）。供应链创新是指通过与供应商、制造商、分销商和客户的无缝互动，改善有效供应链管理所需的组织流程的工具（Lin，2008）。因此，供应链创新允许降低成本和交货时间，创造新的经营战略，提供一致的质量，并开发灵活性，以应对快速变化的商业环境（Stundza，2009）。阿尔比约恩等（Arlbjorn et al.，2011）回顾了创新与供应链管理相关文献，给出了更加具体全面的定义："供应链创新被定义为供应链网络、供应链技术或供应链流程（或这些流程的组合）中的变化（增量或激进），这些变化可以发生在公司职能、公司内部、行业或供应链中，以增强利益相关者的新价值创造。"

供应链创新可以定义为产品、流程、营销、技术、资源和/或组织从增量到根本性变化的综合变化，它与所有相关方相关，涵盖供应链中的所有相关功能，为所有利益相关者创造价值（Gao et al.，2016）。供应链创新可以被设想为一个大的保护伞，它包含了供应链中每个功能中发生的所有创新活动。在供应链创新中，供应链实现了创新的渠道整合，这被定义为"第五代创新"（Rothwell，1992）；这是一个多因素的过程，需要在组织内部和组织间层面上进行高水平的整合（Liao & Kuo，2014）。

供应链创新是供应链管理发展的必然趋势，将供应链管理视角和创新视角结合起来，伴随着创新的供应链设计、创新的供应链管理实践和使能技术，新产品和服务的引进或新市场的进入，对提高供应链的整体绩效和持续发展极其重要。

需要指出的是，大部分文献将创新与创新性混为一谈，只有少数文献特别强调，创新性才代表能力，创新性是指在组织中引入创新的开放性和能力（Hult et al.，2004；Golgeci & Ponomarov，2013）。它意味着接受改变和愿意面对新的挑战，是一种具有战略重要性的动态能力（Golgeci & Ponomarov，2013），而创新被定义为"采用组织内部产生或外部获得的新设备、系统、政策、计划、过程、产品或服务"（Damanpour，1991）。创新是对未知的探索，它涉及冒险、寻找、探索和重新探索机会（Delmas，2002）。创新不同于创新性，创新是指创新实践或创新产出，而创新性是指创新能力（Flint et al.，2005）。创新是结果导向的概念，而创新性则是能力和过程导向的概念。

冷链是一种特殊的供应链，基于以上对供应链创新的相关综述，本文认为冷链创新是发生在冷链各个功能上，为实现冷链整体目标，增强利益相关者的价值创造而引入或改进新产品/服务，技术，流程等资源的过程。

供应链创新概念见表 2 - 3。

表 2 - 3　　　　　　　　　　供应链创新概念

序号	作者	定义
1	马隆和克劳斯顿（Malone & Crowston，1994）	供应链创新主要是链上企业的合作，企业间需要通过建立适当的关联、协调关系，保持目标、决策的一致性，从而实现供应链整体的目标，达到供应链整体利益最大化
2	林等（Lin，2008）	通过与供应商、制造商、分销商和客户的无缝互动，改善有效供应链管理所需的组织流程的工具
3	阿尔比约恩（Arlbjorn et al.，2011）	供应链网络、供应链技术或供应链流程（或这些流程的组合）中的变化（增量或激进），这些变化可以发生在公司职能、公司内部、行业或供应链中，以增强利益相关者的新价值创造
4	高等（Gao et al.，2016）	产品、流程、营销、技术、资源和/或组织从增量到根本性变化的综合变化，它与所有相关方相关，涵盖供应链中的所有相关功能，为所有利益相关者创造价值

2.3.2　冷链创新类型

熊彼特（Schumpeter，1934）首先在其著作《经济发展理论》（*The Theory of Economic Development*）中指出，创新经历了企业家的新组合，从而产生了新产品，新工艺，新市场开放，新的业务组织方式以及新的供应来源。经济合作与发展组织（OECD）将创新归类为新产品或显著改进产品（例如产品特性的更改）、流程（例如交付方式的更改）、营销方法（例如新产品包装）或业务实践中的组织方法（例如工作场所组织的变化），工作场所组织或外部关系（经合组织，2005）。基于组织的双灵巧性，学者们关注探索性和开发性创新（Blome et al.，2013）。根据创新的驱动力，创新被区分为由技术发现驱动的"技术推动"创新和根据市场需求开发的"市场拉动"创新（Bruce & Moger，1999）。根据不同程度的新颖性，研究人员注意到"根本性创新"（例如主要流程或产品改进）与以现有系统的改进为特征的"增量创新"之间的区别（Bessant，1992）。从创新方法的角度来看，创新可以分为技术创新和供应链管理的行政创新（Kim et al.，2006）。从关系角度看，创新也可以分为自主创新和协同创新（Zhang et al.，2014）。从结果导向的角度来看，创新可以分为降低成本，技术优势，绿色或生态，可持续创新。

高等（Gao et al.，2016）对 1995~2014 年发表的 107 篇供应链创新相关论文进行详细梳理，遵循熊彼特对创新的理解：创新经历了企业家的新组合，从而产生了新产品，新流程，新市场开放，新的业务组织方式以及新的供应来源。总结了 6 种创新类型：

产品创新，流程创新，技术创新，组织创新，营销创新和资源分配创新。通过梳理，发现大多数供应链创新都与流程、产品、技术和组织创新有关，并指出，产品创新、流程创新、技术创新几乎发生在可持续供应链的绝大部分功能里。阿尔比约恩等（2011）通过文献回顾有相似的发现，大多数供应链创新相关文献将焦点集中在实施新的供应链技术、优化供应链业务流程和引进新产品或服务等创新领域，并构建了包含 SC 流程、SC 技术和 SC 网络结构三个内容维度的供应链创新模型。随着数字化经济的兴起，技术在运营中发挥着越来越重要的作用。哈恩（Hahn，2019）在阿尔比约恩等（2011）的基础上，进一步将供应链创新模型细化，从业务流程、数字技术、业务架构三个方面相互影响关系出发，解释了第四次工业革命现象。

综合上述研究，本书选取涵盖了整个供应链的所有相关功能，并且各相关方都可接受的创新类型，结合冷链必须依托制冷技术维持低温物流的特点，将技术创新、流程创新、产品创新三种创新作为冷链创新的主要内容。

（1）技术创新。技术创新几乎发生在供应链的所有功能上（Gao et al.，2016）。关和马（Guan & Ma，2003）认为技术创新是一种专门的资产或资源，包括技术、产品、工艺、知识、经验和组织等。尤其在冷链系统，需要制冷技术和设备维持稳定的低温环境，技术创新是冷链非常重要的资源。技术创新被定义为"技术进步产生的过程"（Nieto，2004），它是指企业在发展中以创造新技术为目的而进行的策略变革，在组织的生产活动中重组所需要素进行科学实践以取得显著经济和社会效益的过程（Camisón & Villar – López，2014）。永洪等（Yonghong et al.，

2005）则认为技术创新是指采用新技术，并将其融入产品、服务或过程中。金等（2006）指出 SCCS 的应用技术创新是公司采用或使用最先进的信息技术来改进其 SCCS 的程度，它是一种重要的公司资源，因为拥有先进技术的公司的表现要优于竞争对手（Closs & Savitskie，2003）。技术创新是企业家发现商业价值、谋取商业利益的手段（叶金国和张世英，2002），它可以帮助公司提高劳动力和资本生产率，并提供有关货物流、信息和销售数据的实时可见性，以便公司可以加强库存管理并扩大对最终客户的价值主张（Christopher，2005）。技术创新是由于使用新技术、工具、设备或系统来增强组织的能力而产生的（Damanpour，1987），技术创新旨在增强全球供应链中的集成信息系统，实时跟踪技术和创新的物流设备（Kwak et al.，2018）。在技术创新中，最常见的创新涉及信息技术的应用，如电子采购、电子供应链管理和射频识别技术的应用，以及减少污染的技术，如控制温室气体和可再生生物能源的应用（Afolabi et al.，2019；Wu & Chang，2012；汪庭满等，2011；禄雪焕和白婷婷，2020；Jensen & Govindan，2014）。

冷链物流的核心技术主要包括冷藏技术、保鲜技术、冷链的节能技术和自动化技术等，这些冷链技术对于冷链物流的发展和农产品市场规模的扩大有着重要作用。佐藤笃志和肯塔罗（Atsushi & Kentaro，2006）将 RFID 技术引入冷链物流配送中，并利用带有温湿度传感器的 RFID 标签实时追踪冷链运输温度。（Badia-Melis et al.，2016）为了提高对易腐产品在运输和储存过程中状态的监控能力，对人工神经网络、克立格法和电容式传热法三种用于改善食品安全的数据估计工具进行了研究和比较，最后证明这些技术对减少产品损失有着重要作用。汪庭满等（2011）将 RFID

技术和冷链物流温度监控有机结合，实现在运输过程中对罗非鱼的温度监控，满足消费者对冷链食品的温度记录要求。冯贺平等（2017）针对果蔬农产品在运输过程中的损耗问题，建立了以 ZigBee 技术为基础的果蔬冷链物流实时在线监控系统，实现对产品的温、湿度的监控。创新的一项关键应用是将先进的 IT 技术或系统集成到转换功能中。例如，电子供应链管理的实施使供应链管理实践得以成功（Wu & Chuang，2010），围绕供应链通信系统的技术创新增强了渠道关系并影响了市场绩效（Kim et al.，2006）。

施和王（Shih & Wang，2016）认为冷链管理对于食品行业的制造商来说非常重要，因为他们在向零售商或最终消费者交付产品时，面临着必须在冷冻和冷藏之间作出选择的两难境地。冷冻储存会消耗大量的能量来保存食品，而冷藏则会持续使食品受到细菌的威胁而腐烂。现代冷链在温度控制领域的发展，往往是单一物流链而不是多渠道服务。为了克服上述不足，本书提出了一种基于时间—温度指示器（TTI）的冷链系统，该系统利用无线传感器采集温度数据，并在整个交货过程中实现关键控制点（CCP）准则的制定。特别是这种方法基于物联网（IoT）架构和国际食品安全管理标准 ISO 22000。更重要的是，成功开发了四种新的商业模式，包括：冷链家庭配送服务；便利店（CVS）间接配送；CVS直接配送；飞行厨房服务，用于进行绩效评估。

魏巧云（2009）从设施装备、车辆温控和技术指标三方面分析了我国食品冷链物流技术状况，提出了有关食品冷链物流技术创新和标准体系建设的建议。认为我国冷链设施装备状况落后、冷冻冷藏食品运输环节车辆温控状态差、冷链物流的技术指标尚不完善，建议推进冷链物流各环节的技术创新，加快标准化技术认证体系的建设，还要大力培养冷链物流技术的中、高端人才，以支撑先进冷链物流技术的研发、应用和推广，促进管理创新。张仁堂（2007）就现代物流中果蔬冷链技术集成进行了创新研究。通过研究发现，差压预冷中送风工艺、堆码位置等都影响预冷效果，同时通过开发轻型保温抗损材料和蓄冷换热降温装置，实现了低成本高品质地对经过产地预冷后采用普通货车运输果蔬产品。左志平（2013）也从产业集群角度，对产业集群中的供应链技术创新进行分析。首先分析了集群供应链技术创新行为，然后运用博弈模型，从双方合作或者不合作策略出发，对集群供应链技术创新行为进行演化博弈分析，并分析了影响供应链技术创新的因素，最后提出建议和对策。王双（2013）从当前冷链物流安全存在的安全意识薄弱和技术设备落后两个主要问题着手，阐述构建创新机制的必要性——保证产品质量、提高效益，关注民生、促进和谐，最后从强化安全意识、积极引进人才、加快技术创新、完善监控体系以及坚持科学发展四个方面论述其构建策略。张梅（2014）提出规范冷链物流技术标准，倡导全程冷链物流，加强现代冷链物流技术建设，保障冷链物流高效畅通。秦俭（2015）研究认为我国农产品冷链物流企业的模式创新有三种模式：物理创新、价值创新和管理创新，其中，物流创新包括加快研发冷藏运输技术与运输设备和加快基础项目建设，价值创新包括完善产业链条、运用新技术和人力资源开发等。葛颖波（2017）提出从社区集中化配送、生鲜电商冷链装置和技术升级、中央配送中心与冷链物流相融合、冷链金融业务和第四方冷链集成商组织四个方面进行冷链创新。针对某大型冷链物流中心肉类冷藏库项目定位及经营模式特点，进行了"定制化"的创新设计。范广东

（2018）采用土建式外围墙体与钢构装配式顶棚板相结合的建筑结构，使用冷风机和顶排管双蒸发器设计，采用下沉式装卸坡道，并使用更加合理的仓租"计费"方式，打破了传统的冷库设计模式，促进了冷链产业技术装备转型升级。戴晋等（2018）研究提高冷链流通过程控制技术，主要包括智能温度仪与冷藏车载 GPS 系统，RFID 监测技术，实时监控和预警，品质可视化实时表征技术，建立冷链物流、低温配送标准体系，构建链接生产、仓储、运输、加工、集采、交易、配送的一体化可追溯温控冷链体系。王建强（2019）提出在"互联网＋"背景下，对于农产品冷链物流发展模式的创新策略，打造"互联网＋"冷链物流信息化平台模式，搭建物流网络运作体系。王志远（2019）以超市生鲜农产品的冷链为例，建立"农超对接"的新型模式，基于物联网、大数据，通过 RFID、GPS、GIS 和无线电传输等技术，达到最简的销售层级，实现运力资源的合理配置和可视化，从而最大程度地保障了农产品的新鲜、安全。吴静旦（2019）研究基于 O2O 模式的生鲜农产品冷链物流配送网络创新，提出要重视配送技术的信息化和冷链改进。

（2）流程创新。流程创新可以定义为"为生产或服务提供创造新的或先进的流程的发明（黄舒真等，2019）"。它与确定新的、更有效的内部运营有关，涉及质量功能的部署和业务流程的重新设计（Cohen & Levin，1989）。流程创新可以发生在结构、战略和管理过程中（Walker，2014），是一种组织内部的更新过程（Huang & Rice，2012）；同时强调交付时间的缩短、操作灵活性的提高和生产成本的降低（Wagner，2008；Walker，2014）。一些学者认为，运营和组织/管理创新通常可以称为流程创新（Huang & Rice，

2012），但本书认为流程创新是组织流程创新和技术流程创新的结合，正如《管理科学技术名词》给出的定义：流程创新是为实现业务灵活性和流程优化，降低生产成本和提高产品质量，组织对其所从事的管理工作流程及工艺流程等进行重新设计和构建的过程。流程创新是指将新元素引入组织的管理和生产运营中（Brem et al.，2016；Salerno et al.，2015）。它涉及使用新知识、工具和设备投入，可以帮助组织重新配置、利用和最大化资源和功能，从而降低成本并提高生产效率（Salerno et al.，2015）。金（2013）则将流程创新定义为提高业务流程的正常度量和控制一致性的机制，研究了韩国进出口公司供应链管理中流程创新与供应链内部整合，供应商整合，客户整合因素和业务绩效因素之间的结构关系。

流程创新发生在可持续供应链的所有功能中，例如，供应商和买方之间的供应链融资创新、绿色供应链与组织内和组织间环境实践的整合、供应链中产品交付过程中的横向转运，以及开发有效的逆向物流流程以实现铝罐回收（Buffington，2012；Lau et al.，2014；Richey et al.，2005；Wu，2013；Wuttke et al.，2013）。切拉菲等（Cherrafi et al.，2018）着重探讨了流程创新对绿色供应链绩效的直接影响以及流程创新对精益管理，绿色实践和绿色供应链绩效的调节作用。同样的，戴伊等（Dey et al.，2018）也从流程创新的角度探讨了精益实践和流程创新对中小企业供应链可持续性的影响研究。安和浅川（Un & Asakawa，2015）用781家制造公司四年的面板数据对研发（R&D）合作和流程创新的关系进行检验，发现与供应商和大学的 R&D 合作对流程创新产生积极影响，与客户的 R&D 合作没有影响，与竞争对手的 R&D 合作具有负面影响的有趣结论。

对冷链流程的创新与设计已经进行了大量研究。刘斌（2008）在分析连锁零售企业冷链物流管控模式创新的必要性基础上，提出了冷链物流管控模式创新内涵和特征，并从理念、组织结构、技术、流程、人力管理五个方面概括了冷链物流管控模式创新的方法和内容，结合冷链物流管控模式创新在上海可的便利店有限公司的实践，说明了评价冷链物流管理模式创新的经济效益和社会效益指标。洪涛（2013）认为冷链运作模式呈现多样化，将冷链库的类型归纳为：有产地冷库储备型，如山东烟台 60% 的水果送入冷库，山东栖霞市许多农户把苹果存放在冷库内，在市场供给较少时销售；产地生产配套型，它是大型食品加工企业建立的冷链库，如双汇、众品等大型企业；港口冷链物流中心型；销地市场配套型；批发市场区域配套型；销地配送型；干线运输型。从冷链"链主"角度分类：以农副产品批发市场为主导的冷链物流模式；以大型连锁超市为主导的冷链物流模式；大型加工企业主导的自营冷链物流运作模式；"3PL"型冷链物流运作模式。目前，我国以农副产品批发市场为主导的冷链物流模式所占比重较大，并且在未来的一定时间内，该模式仍将占主导地位。但随着农业产业化的不断发展，国家对"农超对接"政策支持，以大型连锁超市为主导的冷链物流模式的比重将不断增加。杨宝宏（2013）从农产品冷链物流经营模式创新的背景出发，提出农产品冷链物流经营模式有效形式及四种创新方向，即依托大型农产品批发市场型冷链物流经营模式、大型连锁超市自营冷链物流经营模式、大型农产品生产加工企业或经营公司自营冷链物流模式、第三方冷链物流企业承担委托方全部或部分冷链物流经营模式。

重点发展第二种与第三种模式，并进一步注重"链"的建设，建立一体化的冷链物流经营模式，实现城市冷链物流的共同配送。秦俭（2015）研究认为我国农产品冷链物流企业的模式创新有三种模式：物理创新、价值创新和管理创新，价值创新包括完善产业链条等，属于流程创新范畴。苏秀英（2016）提出农产品冷链物流经营的三种创新模式，即依靠大型农产品批发市场型冷链物流经营模式、大型连锁生活超市自主经营冷链物流经营模式、具有一定规模的农产品生产及加工企业建立自营冷链物流模式。陶萍（2016）研究了冷链物流的流程，并提出哈尔滨鲜活农产品区域内和跨区域两种新型的冷链物流模式，以提高哈尔滨鲜活农产品的流通效率，实现鲜活农产品在物流过程中的增值。任芳（2017）研究京东冷链，发现京东生鲜继续发力冷链物流，自建大量标准化冷库，采用协同仓、移动仓等配送模式，不断提升客户体验，更好地保障生鲜产品的品质。夏文汇等（2018）围绕创新性供应链管理和协同学理论，采用描述性和定性定量相结合的研究方法，建立生鲜农产品创新性供应链网络结构，设计业务流程，提出基于数据价值的城市生鲜农产品电商冷链集成配送模式，即"数字化物流＋城市共同化"配送模式。研究结果表明：要实现生鲜品冷链物流及协同化运作和管理，必须加强农业产业组织需求驱动协同、流通企业技术创新协同、农产品创新供应链方案实施与政策环境的协同，这对于改善生鲜农产品冷链物流流通效率具有指导意义。

（3）产品创新。除了交付，产品创新几乎发生在可持续供应链的所有功能中（Gao et al.，2016），因为它是焦点公司整合内部和外部供应链所有资源的关键功能（Wong et al.，2013）。产品创新是"引入新产品或服务，并显著改善其绩效特征，如技术规范，整合的软件比现有产品更好地满足关键客户的需求"（Rajapathira-na & Hui，2018）。作为面向结果的创新，它强调产出，与产品创新相关的产出通常是新产品和新服务的引入，产品创新是获得成果机会的几种途径之一（Kahn，2018）。黄和莱斯（Huang & Rice，2012）认为产品创新可以看作向顾客或客户提供的特定产品/服务的变化，维什尼奇等（Visnjic et al.，2014）则认为产品创新是指为满足外部用户或市场需求而引入的新产品或新服务。产品创新一直被认为是价值创造的主要驱动力之一（Visnjic et al.，2014）。

　　冷链的产品创新主要体现在新服务引入方面。郭和陈（Kuo & Chen，2010）根据台湾地区食物链的需求和第三方物流的运作，提出了一个基于 MTJD 的模式，MTJD 提供了一个新的连续控温物流服务方案，可联合运送和储存多种温度的货物。拉贾比安·塔比什等（Rajabian Tabesh et al.，2015）认为创新可以采取新产品开发或新工艺开发的形式，包括在生产和采购中引入环境管理体系和全面质量管理。吴（Wu，2013）在探讨绿色供应链整合（GS-CI）与绿色创新之间的关系时，以中国台湾 211 家信息技术（IT）制造商为研究对象，借鉴吉纳塞卡兰和斯帕朗扎尼（Gunasekaran & Spalanzani，2012）的观点，制造业在追求可持续性的同时应专注于产品和流程设计，主要从绿色产品创新和绿色流程创新两个维度进行划分。龙文祥等（2017）研究配送服务优化创新，在不提高甚至减少成本的情况下大幅提高客户满意度。葛颖波（2017）提出从冷链金融业务等四个方面进行冷链创新。陈文贵（2017）提出以批发市场为核心主体的冷链物流金融模式、以农业龙头企业为核心主体的冷链物流金融模式、以连锁超市为核心主体的冷链物流金融模式三种。研究认为在冷链物流供应链中引入期权产品，能够促进金融机构有效规避冷链物流金融的市场风险，从而提高冷链物流金融的运行稳定性。喜崇彬（2018）分析华冷物流有限公司的创新冷链服务，借助集团信息化管理平台与华冷物流有限公司的冷链物流体系，对传统超市模式进行技术升级，实现超市全智能管理，创建自由购物新模式。超市所售产品采用全面冷藏技术、全程冷链运输、全链可溯源体系，确保农产品上市的最佳时机和新鲜度。贾法尔等（Jaafar et al.，2011）分析物流创新服务应增加和考虑清真概念，研究发现新的物流服务能够满足顾客的日益增长的需求。戴等（Dai et al.，2019）研究探讨新兴市场冷链物流服务商如何透过服务创新获得竞争优势，以及国家所有权与监管压力如何影响其创新行为，其研究结果表明，服务创新确实是冷链物流企业竞争力提升的重要动力，尽管之前的研究表明，冷链物流企业的创新能力不如其他企业。新兴市场的冷链服务提供商倾向于创新，为特定客户、行业或地区提供新的增值和差异化服务。跨案例分析也表明，国有股和监管压力过高可能会限制冷链服务提供商投资服务创新和开发新业务模式的能力。

2.4 冷链能力

能力作为竞争优势的直接来源已经达成了共识（Grant，1991），如今能力的概念已经从关注企业内部成长的普通能力向适应市场环境变化的动态能力延伸。

普通能力也被称为运营能力（Helfat & Winter，2011），静态能力（Collis，1994），或零级能力（Winter，2003），是指使公司能够在当前生存的能力（Winter，2003）。具体来说，指企业将各种组织资源转化为有用的组织产出的能力（Li et al.，2010；Lam et al.，2016），它能有效地部署异构资源、技能、流程和知识，以提高生产率和运营效率（Kumar et al.，1999；Peng et al.，2008），如配送物流和运营规划，这些都是植根于知识的过程和惯例（Cepeda & Vera，2007）。普通能力常常被认为是一种低阶能力。而动态能力则是建立在一般操作例程、普通能力或者低阶能力之上的更为高阶的能力（Zollo & Winter，2002；Winter，2003；Teece，2014；2016），它通过整合和重新设计内部和外部能力来适应迅速变化的环境（Teece et al.，1997）。动态能力通过关注变化而与普通（运营）能力形成对比（Winter，2003），动态能力是更高层次的、战略性的，而且通常以外部为重点，而普通能力则以内部和操作为重点（Ashill et al.，2020）。与企业能力一样，供应链能力也存在普通的供应链能力和动态的供应链能力，大部分学者直接使用供应链能力和供应链动态能力两个术语区分普通的供应链能力和动态的供应链能力，因此本书使用冷链能力的概念指代普通的冷链能力。

2.4.1　冷链能力的定义

冷链又称为冷供应链（Shashi & Singh，2015）或易腐品供应链（Bishara，2006），因此，对供应链能力的定义同样适用于冷链。由于供应链能力的复杂性，以往的研究对供应链能力的概念化也持不同的观点（Naway & Rahmat，2019）。大部分学者认为供应链能力（supply chain capabilities，SCCs）是指组织识别、利用和吸收内部和外部资源/信息，以促进整个供应链活动的能力（Amit & Schoemaker，1993；Bharadwaj，2000；Wu et al.，2006；Collis，1994；Liao & Kuo，2014；Rajaguru & Matanda，2013）。供应链能力是供应链以低水平成本、高质量产品和服务满足客户需求的能力（Green et al.，2014）。它是供应链成员相互之间协调合作能力强弱的反映，是把各节点企业的能力整合为有效供应链的关键。格兰特（Grant，1996）基于资源基础观认为供应链能力代表了一种更高层次的组织能力，它需要广泛的知识整合，可以在更高的水平上防止被竞争对手所效仿，具有持续竞争优势的宝贵来源的优点（Barney，1991）。洪江涛（2014）认为目前国内外对于供应链能力还没有一个明确、统一的规定。它认为供应链能力可确保企业将正确的产品种类，在正确的时间点，运送到正确的地点，并配送给正确的人，并采用了供应链管理活动进行中的"行动有效性""所用时间更少""所需成本更低""供应链对市场的反应能力"四个因素作为观测变量来测量企业的供应链能力。

刘等（Liu et al.，2016）定义供应链能力是供应链管理技能、知识、惯例和能力的综合，是随着时间的推移，通过企业内部以及与合作伙伴之间的复杂的相互作用而形成的，具备该能力的企业能够协调供应链活动、部署流向需求终点的资源，供应链能力包括内部整合、外部整合、供应商评价、供应链管理技能/知识、供应链柔性、IT/IS支持。以吴等（Wu et al.，2006）和马利基等（Maleki et al.，2011）的研究为基础，冯华和聂蕾（2018）将供应链能力划分为协调、活动整合和响应性三个维度，认为供应链能力是供应链整体成功获得竞争优势的基础，供应链能力的提升对于核心企业及其供应链在动态的竞争环境中占据优势地位十分重要，并对信息共享水平、社会控制和供应链能力之间的相互作用关系进行了探讨。郑秀恋（2018）则认为供应链能力是一种综合的、高阶的能力，供应链管理能力、供应链动态能力都在供应链能力的范畴之内，即供应链能力包含了供应链管理能力和供应链动态能力。运营能力是企业利用企业资产和资源的总体效率能力的指标（Lam et al.，2016）。企业可以通过有效地管理其资源和供应链管理能力来获得竞争能力和高经营绩效（Boon - Itt & Wong，2016）。刘等（Liu et al.，2017）则讨论了供应链能力是制定供应链战略和实现竞争优势的构建单元。对于追求更高绩效的公司至关重要（morita et al.，2018）。纳维和拉马特（Naway & Rahmat，2019）采用了更广泛的网络视角，将供应链能力定义为"通过公司内部及其与网络合作伙伴之间的复杂互动，随着时间的推移而发展出的供应链管理技能、知识、例程和能力的捆绑，公司可以与之合作以协调供应链管理活动，并朝着期望的目标部署资源（内部和外部）。

2.4.2 冷链能力的类型

莫拉什（Morash，2001）认为供应链能力是供应链战略的基石，是企业成功的竞争优势源泉，并由 7 个部分构成，包括客户服务（customer service）、质量（quality）、信息系统支持（information systems support）、配送柔性（distribution flexibility）、低物流成本（low logistics cost）、生产力（productivity）、配送速度（delivery speed）七个方面的维度。吴（Wu，2006）将供应链能力概

念化为四个维度：信息交换、协调、企业间活动整合和供应链响应，这四个维度中的每一个都反映了供应链管理所需的跨职能和跨组织活动的能力。拉贾古鲁和马坦达（Rajaguru & Matanda，2013）将供应链能力概念化为物流绩效（logistics performance）、供应链关系（supply chain relationships）和供应链响应能力（supply chain responsiveness）三个维度。穆罕默迪等（Mohammadi et al.，2012）认为供应链能力有四个维度包括信息交流（information exchange）、协调（coordination）、企业间活动整合（inter-firm activity integration）和供应链响应（supply chain responsiveness）等。刘等（Liu et al.，2016）认为供应链能力包括内部整合、外部整合、供应商评价、供应链管理技能/知识、供应链柔性、IT/IS 支持六个方面。曼达尔等（Mandal et al.，2016）将供应链能力分成四个维度灵活性、速度、可见性和协作，研究了物流能力对供应链能力和弹性的影响关系。冯华和包文辉（2017）从信息交换、协作、活动整合和供应链响应性四个方面对供应链能力进行测量。布吕塞特和泰勒（Brusset & Teller，2017）则将供应链能力划分为外部能力，整合能力和灵活能力三种低阶能力，通过对 171 名管理者的调查，研究供应链能力与弹性之间的关系以及供应链风险的调节作用。米卡莱菲特等（Mikalef et al.，2019）从营销能力和技术能力两个方面探讨了运营能力和动态能力在大数据分析能力和竞争绩效之间的中介作用。廖和郭（Liao & Kuo，2014）以供应链上中下游合作伙伴之间的协同与合作为关注点，将供应链能力划分为五个种类：供应链过程能力，产品/服务标准统一化能力，对于产品和服务质量改善的能力，对客户与合作伙伴关系维护的能力，与客户与合作伙伴联合解决问题的能力。冯华和梁亮亮（2016）

选取信息交换、协作、活动整合和供应链响应性等指标来衡量供应链能力。杨璇和宋华（2017）将供应链能力分成物流分销能力与需求管理能力两个维度。莫拉什和林奇（Morash & lynch, 2002）将供应链能力分为供应驱动过程能力和需求驱动价值增值能力。供应驱动过程能力立足于流线型的和标准化的供应链业务流程；需求驱动价值增值能力关注的是满足客户对于特殊产品或定制化服务的需求，这种能力可以创造更为宽泛的客户附加价值。陈等（Chen et al., 2009）认为供应链能力可以划分为两大类，分别是基于效率的能力和基于效能的能力。毕（Bi et al., 2013）将供应链能力分为信息共享、协调、企业间整合三个维度，研究了IT能力对供应链能力和组织敏捷性的影响。供应链能力的测度呈现多样性，但是其核心维度还是主要集中在供应链整合、信息交换、供应链响应性、伙伴关系能力、供应链协调、供应链柔性等方面，供应链能力维度的多样性划分方法提出了对该概念维度构成进行深入研究的必要性。

基于上述研究成果，本书将冷链能力归纳为四类，分别是信息交换能力、协作能力、活动整合能力和供应链响应能力。这四种能力代表了供应链流程中涉及的所有重要活动（Mohammadi et al., 2012）

冷链能力的维度构成见表 2 - 4。

表 2 - 4　　　　　　　　冷链能力的维度构成

序号	供应链能力构成	专家学者
1	客户服务（customer service）、质量（quality）、信息系统支持（information systems support）、配送柔性（distribution flexibility）、低物流成本（low logistics cost）、生产力（productivity）、配送速度（delivery speed）	Morash（2001）

续表

序号	供应链能力构成	专家学者
2	信息交换、协调、企业间活动集成和供应链响应性	吴等（Wu et al.，2006）
3	信息交流、协调、企业间活动整合和供应链响应性	穆罕默迪等（Mohammadi et al.，2012）
4	物流绩效（logistics performance）、供应链关系（supply chain relationships）和供应链响应能力（supply chain responsiveness）	拉贾古鲁和马坦达（Rajaguru & Matanda，2013）
	信息共享，协调，企业间整合	毕等（Bi et al.，2013）
5	供应链流程能力，产品/服务标准统一化能力，产品和服务质量改善的能力，合作伙伴关系维护的能力，与合作伙伴共同解决问题的能力	廖和郭（Liao & Kuo，2014）
6	行动有效性、所用时间更少、所需成本更低、供应链对市场的反应能力	洪江涛（2014）
7	灵活性、速度、可见性和协作	曼达尔等（Mandal et al.，2016）
8	内部整合、外部整合、供应商评价、供应链管理技能/知识、供应链柔性、IT/IS 支持	刘等（Liu et al.，2016）
9	外部能力，整合能力，灵活能力	布吕塞特和泰勒（Brusset & Teller，2017）
10	信息交换、协作、活动整合和供应链响应性	冯华和包文辉（2017）冯华和梁亮亮（2016）
11	物流分销能力与需求管理能力	杨璇和宋华（2017）
12	供应链整合、信息交换、供应链响应性、伙伴关系能力、供应链协调、供应链柔性	郑秀恋（2018）
13	协作、活动整合和响应性	冯华和聂蕾（2018）

2.4.3 冷链能力的实证分析

拉贾古鲁和马坦达（2013）研究结果表明技术、战略和文化组织间维度的组织间兼容性有助于 IOIS 集成和供应链能力提升。廖和郭（2014）构建供应链合作、供应链能力与企业绩效之关系的结构模型，通过问卷调研，运用结构方程进行实证分析，研究结果表明供应链合作直接正向影响供应链能力和企业绩效，供应链能力直接影响企业绩效。吴等（2006）研究信息技术对供应链的影响能力与企业绩效，探讨了供应链能力在资讯科技投资与企业绩效之间的重要中介作用，结果表明供应链能力能够将 IT 相关资源转化为企业更高的价值。曼达尔等（Mandal et al.，2016）研究综合物流能力和供应链能力对供应链弹性的影响作用，研究结果表明综合物流能力和供应链能力对供应链弹性具有积极影响。布鲁塞特和泰勒（Brusset & Teller，2017）通过对 171 名管理者的调查，验证了一个概念模型，该模型提出了供应链能力与弹性之间的关系以及供应链风险的调节作用。

麦影（2014）分析了供应链动态能力、供应链关系资本和供应链协同创新之间的关系，结构方程分析结果表明：供应链关系资本对供应链运营能力、学习能力和协调能力有较高的正向提升作用；供应链动态能力能提升供应链协同创新绩效，关系资本通过动态能力提升供应链协同创新绩效。洪江涛（2014）在大量文献阅读和企业调研的基础上，运用结构方程模型结合 165 家供应链上下游企业的调查数据，对供应链能力、企业与合作伙伴间的知识传输、企业长期绩效和企业短期绩效四个研究变量之间的关系进行了实证分析，研究结果表明：供应链能力与企业短期绩效、长期绩效以及知识传输均有正向关系；知识传输对企业短期绩效、长期绩效有显著正向影响；供应链能力不但可以直接影响企业的长、短期绩效，而且也可以通过知识传输这一中介变量间接影响企业的长、短期绩效，研究结论为企业提高供应链能力进而提升绩效提供了具有理论指导意义的参考框架。罗正镐和权承贺（Na Jung-ho and Kwon Seung-ha，2018）研究了物流合作、供应链能力和物流成果的关系，并表示物流合作对改善供应链能力和物流成果产生了重要影响，同时，如果供应链能力得到加强，物流成果将得到改善。冯华和梁亮亮（2016）构建了企业关系资本、信息共享能力与供应链柔性、供应链能力之间的关系假设模型，并以370份来自供应链相关岗位的中高层人员的问卷作为调研对象，运用结构方程模型进行实证研究。实证分析结果表明：（1）企业关系资本与信息共享能力存在着直接的正向相关关系；供应链柔性与供应链能力之间存在着直接的正向相关关系；（2）企业关系资本与供应链柔性之间存在着较为显著的间接相关关系，需要借助于信息共享能力的中介效用来搭建起两者之间的关联性；（3）在企业关系资本与供应链能力之间也存在着较为显著的间接相关关系，信息共享能力与供应链柔性作为中介变量在其中起着桥梁作用；（4）信息共享能力与供应链柔性之间存在着较为显著的直接相互作用关系，而信息共享能力与供应链能力之间则既表现出较为显著的直接相关关系，也表现出较为显著的间接相关关系，间接作用效果主要是借助于供应链柔性的媒介作用来凸现的。普斯皮塔等（Puspita et al.，2020）以资源为基础的观点，探讨战略导向、供应链能力与创新能力对竞争和企业绩效的影响，研究表明供应链能力影响企业的竞争优势和绩效，而创新能力并不显著影响企业绩效，而是通过竞争优势影响企业绩效。

冯华和聂蕾（2018）构建了信息技术水平、信息交流水平、社会控制和供应链能力之间的关系假设模型，并以 380 份来自供应链相关岗位的中高层人员的问卷作为调研对象，运用结构方程模型进行实证研究。其实证分析结果表明：（1）信息技术水平和信息交流水平对社会控制均具有显著的直接影响，此外，信息交流水平对于信息技术水平和社会控制间的关系具有部分中介效应；（2）社会控制对供应链能力具有显著的直接影响；（3）信息技术水平和信息交流水平对供应链能力不仅具有显著的直接影响，还以社会控制为中介具有显著的间接影响。此外，信息交流水平和社会控制对信息技术水平和供应链能力间的关系具有双重中介效应。朴尚云和赵根泰（Park Sang – Oon & CHO Keun – Tae，2020）围绕能力层次结构构建了包含动态能力、运营能力、创新绩效和环境活力的理论模型，根据来自 300 家韩国制造公司的调查进行了实证分析。梁涛（2019）采用"谷歌趋势"检索了影响流通企业供应链能力的相关因素，并构建了包含关键物流能力、物流服务能力及边界跨越能力三个层次的结构模型，研究表明关键物流能力、物流服务能力及边界跨越能力三者构成了供应链的总体动态能力，实现流通供应链结构和价值的整合，必须实现供应链企业之间协同发展，并要建立以市场为导向的动态能力提升机制。廖等（2017）将供应链能力划作一个单独的维度考察了供应链协作价值创新，供应链能力和竞争优势之间的关系，并得出供应链能力是完全的中介者的结论。

从供应链能力的研究方法来看，实证研究和案例分析等研究方法都有，其中实证研究的居多；在实证研究中，大多数研究采用结构方程这一研究方法，在构建理论模型基础上，通过问卷调研获取数据进行结构方程实证分析供应链能力或与其他相关变量之间的关系，具体情况见表2-5。

表2-5　　　　　　　供应链能力研究的实证分析方法

序号	研究主题	研究方法	专家学者
1	信息技术对供应链的影响能力与企业绩效：基于资源的视角	结构方程	吴等（Wu et al.，2006）
2	组织间兼容性对供应链能力的影响：探讨组织间信息系统（IOIS）整合的中介作用	结构方程	拉贾古鲁和马坦达（Rajaguru & Matanda，2013）
3	供应链合作、供应链能力与企业绩效之关系研究	结构方程	廖和郭（Liao & Kuo，2014）
4	实现供应链弹性：物流和供应链能力的贡献	结构方程	曼达尔等（Mandal et al.，2016）
5	供应链能力、风险和弹性	结构方程	布吕塞特和泰勒（Brusset & Teller，2017）
6	供应链能力、知识传输与企业绩效关系的实证研究	结构方程	洪江涛（2014）
7	供应链动态能力与关系资本互动提升供应链协同创新效应研究	结构方程	麦影（2014）
8	企业关系资本与供应链能力的相互作用研究——基于信息共享能力与供应链柔性的视角	结构方程	冯华和梁亮亮（2016）
9	供应链金融、供应链能力与竞争绩效——基于多案例的研究	案例分析	杨璇和宋华（2017）
10	社会控制与供应链能力之间的相互作用探讨——基于供应链整合的视角	结构方程	冯华和包文辉（2017）

续表

序号	研究主题	研究方法	专家学者
11	物流合作，供应链能力对物流绩效的影响研究	结构方程	罗正镐和权承贺（Na Jung-ho & Kwon Seung-ha，2018）
12	信息共享水平与供应链能力的相互作用关系研究——基于社会控制的中介效应	结构方程	冯华和聂蕾（2018）
13	流通供应链整合方式及能力的匹配性分析	结构方程	梁涛（2019）
14	动态能力，运营能力，创新绩效和环境活力的关系	结构方程	朴尚云和赵根泰（Park Sang – Oon & CHO Keun – Tae，2020）
15	战略定位，供应链能力，创新能力对家具零售竞争优势和绩效的影响	结构方程	普斯皮塔等（Puspita et al.，2020）

资料来源：作者根据相关文献整理。

2.5　冷链风险管理能力

随着不断变化的消费者需求，日益激烈的竞争环境，全球化进程的加快，供应链变得越来越冗长和复杂，供应链中断的风险也与日俱增，供应链风险管理仍然是影响组织绩效的关键管理挑战（Altay & Ramirez，2010）。特别是冷链自身的特殊性和脆弱性，更是加大了这一研究的难度，在吸引了众多学者和从业人员关注的同时也凸显了对冷链进行风险管理研究和建立风险管理能力的重要性。由于中断是不可避免的，企业需要开发能力来减轻干扰的影响（Pettit et al.，2013 年），以便在灾难前和灾难后围绕破坏性事件的阶段进行调整、整合和重新配置（Chowdhury & Quaddus，2017）。稳健性和弹性作为管理风险的两个关键技术（Behzadi et al.，2017），在很大程度上较好地反映了供应链的风险管理能力（kwak et al.，2018）。

2.5.1　供应链风险管理

供应链风险管理（SCRM）最近在供应链环境中得到了越来越多的关注，无论是从从业者的角度还是作为一个研究领域（Colicchia & Strozzi，2012）。供应链风险管理的定义是"通过在供应链成员之间采取协调一致的方法来识别潜在的风险来源并实施适当的策略，以减少供应链的脆弱性"（Christopher et al.，2003）。目的是降低中断风险，减轻其对绩效的负面影响，并尽快恢复供应链的正常运行（Adhitya et al.，2009；Hendricks et al.，2009；Lodree & Taskin，2008）。

克里斯托弗（Christopher，2002）认为供应链风险管理是通过在供应链成员间采取合作途径对外部风险和供应链风险进行识别和管理，以便从整体上降低供应链的脆弱性。诺曼和林德罗斯（Norrman & Lindroth，2004）认为供应链风险管理是通过与供应链合作伙伴间协调采用风险管理工具以应对影响物流活动和资源的风险和不确定性。尤特纳等（Jüttner et al.，2003）认为供应链风险管理旨在识别潜在的供应链风险源并采取适当的措施以避免或遏制供应链的脆弱性。唐（Tang，2006）认为供应链风险管理通过在供应链合作伙伴间采取协调或协同措施对供应链风险进行管理以确保企业盈利和持续经营。汉德菲尔德和麦科马克（Handfield & McCormack，2007）认为供应链风险管理是通过建立协作的组织关系、有效的业务流程和高度的信息共享，在供应链中对组织进行整合和管理以达到最小化风险和降低中断产生的概率。马努吉和门策（Manuj & Mentzer，2008）认为供应链风险管理是在全球供应链中识别和评估风险和由此造成的损失，通过在供应链合作伙伴中采用协调的途径来实施合适的风险应对策略，以期望降低一个或多个指标——损失、概率、事件进展的速度、损失发生的速度、探测事件所需的时间、频率或风险暴露程度，从而实现降低成本和增加盈利。国际供应链协会（SCC，2010）认为供应链风险管理是系统性地识别、评估和缓解物流网络中存在的潜在中断，目标是降低潜在中断对物流网络绩效产生的负面影响。沃特（Water，2011）认为供应链风险管理是系统性地识别、分析和处理与供应链有关的风险。周驷华（2014）认为供应链风险管理贯穿于供应链运行过程始终，系统性地运用各种技术、工具和方法，通过供应链合作伙伴间的协调运作，旨在识别潜在风险并采取适当的措施以降低风险发生的概率或（和）减轻风险对供应链造成的负面影响的协同过程。金霞（2014）和潘永明（2020）认为供应链风险管理在整个供应链运作过程中，企业战略、专利和技术、运作流程和人才管理都得到了优化，为的是构建一个协同的设计流程，其目标是对供应链风险进行管控，监管和评价，保证供应链的正常运行，最终是为了供应链整体的利益可以最大化。维兰德和沃伦堡（Wieland & Wallenburg，2012）强调供应链每个节点的风险管理都有助于防止供应链的连锁失效。

克莱因多夫和萨德（Kleindorfer & Saad，2005）将风险分为两种主要类型：高概率低影响（HPLC）事件和低概率高影响

（LPHC）事件，虽然大多数研究只关注其中一种风险，但贝赫扎迪等（Behzadi et al.，2017）认为两种类型的风险事件都很重要，并在大量回顾供应链风险管理文献基础上，提出了两组供应链风险管理战略：缓解战略和应急战略。缓解战略又称为破坏前战略，属于主动战略，侧重于识别和最小化预期风险的影响，在中断情况下提供最小的绩效变化，适用于高概率、低影响的风险；应急战略也称为破坏后战略，属于被动战略，侧重风险发生后的应急措施，应对运营中的低概率高影响风险，使供应链从破坏中能快速恢复。缓解和应急风险管理策略应用于供应链风险管理时，对应供应链的稳健性与弹性两种能力。乔杜里和寇达斯（Chowdhury & Quaddus，2017）也认为供应链需要主动和被动能力，以便在灾难前和灾难后围绕破坏性事件的阶段进行调整、整合和重新配置。有效的供应链风险管理过程的最终目标是建立稳健和有弹性的供应链科利基亚和斯特罗兹（Colicchia & Strozzi，2012）。

2.5.2　弹性研究综述

2.5.2.1　弹性的定义

近年来，对于供应链弹性的研究多集中在对供应链弹性前因及后果的分析，供应链弹性维度划分与测量开发等方面。

弹性是一个多学科的概念（Chowdhury & Quaddus，2017）。它最早定义在物理学中，表示一个物体在外力的作用下发生形变，当外力撤销后能恢复原来大小和形状。而后扩展到生态学、环境科学及应用科学（主要为医学、工程等方面）等研究领域。随着霍林（Holling，1973）将弹性这一概念引入社会科学领域，将弹性定义为在受到临时干扰后恢复平衡的能力，其他学科的学者们分别从不同视角对弹性这一概念进行定义研究。比如，丁等（Dinh et al.，2002）从工程视角定义弹性，指出弹性是当遇到突发事件时反弹的能力。随着全球危机的增加，全球供应链中断的频繁，弹性最终在供应链领域变得极其重要（Chowdhury & Quaddus，2017）。

卡瓦略等（Carvalho et al.，2012）认为供应链弹性是供应链系统在遭到破坏后，恢复原状态或创建更理想的新状态的能力，此外，弹性分析和管理的目标应该是防止意想不到的不利状态的产生。在供应链可能出现偏差、中断的情况下，供应链弹性是处理不可预见的风险的最有效的手段（Viswanadham，2007）。霍尔科姆等（Holcomb et al.，2011）认为在供应链风险管理中，供应链弹性是一个不确定概念，将弹性的概念引入供应链管理中，可以有效平衡供应链中断后的收入和成本两个不利因素，保持供应链网络恢复成原来理想状态。波尼斯和科洛尼斯（Ponis & Koronis，2012）将 SCRE 描述为供应链主动规划和设计其网络以预测随后的供应链中断并有效应对中断的能力。在组织环境中，弹性可以被描述为在动荡环境中生存的组织能力（Ates & Bititci 2011）。在供应链管理中，弹性意味着系统可以在扰动后适应重新获得新的稳定位置（恢复或恢复到原始状态）（Colicchia & Strozzi，2012）。供应链弹性（SCRES）是指通过提前做好充分准备并保持运营连续性来应对中断的能力（Ponomarov & Holcomb，2009）。蒲国利等（2019）借鉴霍伦斯坦等（Hohenstein et al.，2015）的观点，将供应链弹性定义为在面对不同程度的风险时，供应链自身都会以一个与其损害程度相匹配的能力为突发事件做好准备，对潜在的中断迅速响应，并能恢复到原来的状态，或通过转向更加理想的新状态来提升客户服务，增加市场份额和财务绩效。贝扎迪等（Behzadi et al.，2017）则认为弹性是从破坏中快速恢复的潜力。高尔盖奇和波诺马罗夫（Golgeci & Ponomarov，2013）认为供应链弹性是一种动态能力，可有效地作用于供应链风险管理，因为供应链的弹性使供应链成员能够对此类灾难性事件做好准备并做出反应（Colicchia & Strozzi，2012；Ponomarov & Holcomb，2009），这与夸克等（Kwak et al.，2018）的观点一致，供应链弹性可以被视为企业从供应链中断中恢复的动态能力（Ponomarov & Holcomb，2009）。

虽然弹性的定义根据背景（即物理，生态，社会生态，心理，灾害管理，组织和工程）而有所不同，但供应链管理中的弹性被定义为"一种高阶能力"，是一种面临不可避免的事件时，以恢复到原来的操作，或者被干扰后移动到一个新的，更理想的状态或者结果的能力。

2.5.2.2 供应链弹性的前提条件

克里斯托弗和派克（Christopher & Peck，2004）提出了塑造供应链弹性的四种方法：供应链弹性结构设计、加强供应链成员间协作、提高供应链敏捷性、培养供应链风险意识。尤特纳和马克兰（Jüttner & Maklan，2011）认为供应链脆弱性、供应链弹性、供应链风险管理存在特别的联系，通过经验数据，他们得出可以通过提高供应链的韧性（flexibility）、可见性（visibility）、速度（velocity）和协作能力（collaboration capabilities）提高供应链弹性。莱斯和卡尼亚托（Rice & Caniato，2003）指出混合供应链柔性和冗余是加强供应链弹性的有效方法。克里斯托弗（2004）指出获得供应链弹性的有效方式是创造能迅速响应状态变化的网络。郝皓（2003）指出建立供应链预警机制，制定有效的供应策略，增强供应链企业之间的互动是增强供应链弹性的有效方法。任颖丽（2012）基于供应链弹性的吸收、自适应和恢复能力的特点，将财务管理的概念引入供应链管理中，通过规避风险、适应环境、谋求发展、合作共赢四个方面，增加企业间经济行为有效性，降低供应链风险，从而提高了整条供应链弹性水平。刘家国等（2015）采用解释结构模型，构建临接矩阵和可达矩阵，描述供应链弹性系统各影响因素之间的关系，并对矩阵的层次进行划分，构建供应链弹性系统模型多级阶梯结构图，最后采用验证性因子分析各因子与相应的测度是否符合，保障弹性模型的可行性。李俊（2012）运用 WSP 的方法，从供应链弹性所需的物质基础、理论基础、合作基础出发，对影响供应链弹性的指标进行分析，构建供应链网络弹性的综合评价的指标框架。杜贝等（Dubey et al.，2019）基于资源的观点确定了供应链连通和信息共享可以提高供应链的可视性从而增强供应链弹性，同时基于关系理论观点，认为信任促进协作，两者同时是供应链弹性的关键因素。

2.5.2.3 供应链弹性的维度划分

凯文林德曼（Kevin Linderman，2015）从供应链网络密度、网络集中性、网络连接线、平均度四个方面构建供应链弹性网络矩阵，评价供应链网络弹性。张帆（2015）等人从供应链生产弹性、配送弹性、信息化弹性，企业协同弹性四个维度构建弹性综合评价的指标框架。耿亮和肖人彬（2014）通过不可操作性输入输出模型（Inoperability Input-output Model，IIM）描述，从吸收、自适应和恢复能力三个方面描述供应链弹性，并建立动态的 IIM

（DIIM）模型进行了理论分析，从时间、空间和成本三个维度对不确定环境下供应链弹性进行了度量。杜拉赫等（Durach et al.，2015）开发了供应链稳健性前因的框架，他们将其概念化为 SCRE 的一个维度。克里斯托弗和卢瑟福（Christopher & Rutherford，2004）指出，"弹性供应链肯定是稳健的"，并且"弹性供应链也必须是适应性的"，因此维兰德和沃伦堡（2013）认为敏捷性和稳健是弹性的维度。

2.5.2.4 供应链弹性的测量评估

佩迪特等（Pettit et al.，2013）开发了包含一个 7 个脆弱性因素和 14 个能力因素的供应链弹性评估框架，脆弱性因素包含：动荡，故意威胁，外部压力，资源限制，敏感性，连通性和供应商—客户中断。通过对这些因素的管理，最终形成 SC 能力：灵活的采购和订单履行能力，效率，可见性，适应性，预期，恢复，分散，协作，组织，市场地位，安全，和财务实力。同时，佩蒂特等（Pettit et al.，2013）强调需要在脆弱性和能力之间取得平衡，以便比竞争对手更有效地管理它们。穆尼奥斯和邓巴（Munoz & Dunbar，2015）认为通过一维或单一组织来衡量瞬态响应，虽然简化了分析，但可能会存在误导性，导致不准确的评估，因此，构建了一个多维、多层次的运营供应链弹性指标，期望通过对供应链弹性的量化，为管理者评估和比较现有的中断恢复能力提供帮助。杰恩等（Jain et al.，2017）则通过文献回顾梳理出 13 个被提出或通过实证分析证实的供应链弹性促进因素（enablers），构建了基于层次结构（hierarchy-based model）的供应链弹性模型，这些重要的促进因素包括：适应能力、协作、信任、可持续性、风险和收益共享、信息共享、结构、市场敏感性、敏捷性、可见性、风险管理文化、最小化不确定性和技术能力。研究表明，组织可以通过修改其战略资产来增强其应变潜力。阿姆布卡尔等（Ambulkar et al.，2015 年）基于四个测量项目（应对变化、能够适应供应链中断、提供快速响应和保持高度态势感知）测量 SCRE，并开发了"企业弹性"前因模型。他们认为，要发展弹性，企业应该有一个供应链中断的方向，一个资源配置和风险管理的基础设施到位。乔杜里和寇达斯（2017）以动态能力理论为基础，通过定性与定量的方法，开发了一个由主动能力、反应能力和供应链设计质量三个主要维度，以及供应链灾难的准备程度，灵活性，储备能力，集成度，效率，市场实力和财务实力，响应和恢复，网络的密度，复杂性和关键性共 12 个子维度构成的供应链弹性测量模型。同时还考察了供应链弹性对运营脆弱性和供应链绩效的影响研究。

2.5.3　稳健性研究综述

2.5.3.1　稳健性定义

稳健性（robustness）的概念起源于自动控制理论，用来描述控制系统对特性或参数摄动的不敏感性。根据复杂网络理论，稳健性一般认为"故障与攻击的耐受性"，或称之为"网络弹性"（席运江，2007）。之后，稳健性这一概念逐渐被引入供应链领域。

阿斯比恩斯莱特和劳桑德（Asbjornslett & Rausand，1999，P220）将稳健性定义为抵抗意外事件并返回以执行其预定任务，并保持与意外事件之前相同的稳定状态的系统能力。米佩奇迪和沙阿（Meepetchdee & Shah，2007，P203）认为稳健性是尽管对供应链造成了一定的损害，但供应链仍能够履行其职能的程度。霍纳格尔等（Hollnagel et al.，2006）提到，系统的主动应变能力是指在不利后果发生之前识别、预测和抵御不断变化的风险形态的能力。积极主动的风险管理方法旨在了解和避免风险，同时提高风险发生后应对风险的准备水平（Kleindorfer & Saad，2005）。刁力（2007）认为供应链稳健性为供应链系统在受到内部运作和外部突发事件的干扰下，仍然能保持供应链收益和持续运行功能的能力。

维兰德和沃伦堡（2012）认为稳健性是一种主动策略，可以定义为供应链在不适应其初始稳定配置的情况下抵抗变化的能力。在供应链管理中，稳健性可以定义为供应链在各种可能的未来情况下能够履行其职能的程度（Colicchia & Strozzi，2012）。王兴海（2013）认为稳健性是在供应链系统受到内、外部的突发事件扰动下，有效抵抗各种风险，维持自身安全稳定运转，保证供应链整体收益不发生偏差的能力。贝扎迪等（2017）将稳健性定义为在可接受的性能损失下忍受中断的能力。郭等（2018）则在分析供应链创新、风险管理能力和竞争优势的关系时指出稳健性是抵抗和维持的能力，而弹性是适应和保留的能力。

稳健性表示某些特征，例如抵御各种冲击、人为错误和商业环境变化的能力（Wieland & Wallenburg，2012）。在中断期间，稳健性发挥着重要作用，因为配备良好的供应链和物流网络以及风险意识可以减轻或消除风险的发生（Kwak et al.，2018）。换句话说，强大的供应链和物流网络应该能够承受、应对和控制中断。稳健性可以为企业识别和实施风险缓解或消除所需的控制机制争取时间（Kwak et al.，2018）。

2.5.3.2 供应链稳健性影响因素

唐（2011）提出了四个供应链网络稳健性的影响因素：运输

网络的可靠性、供应链网络节点自身的鲁棒性水平、供应链中各节点的相对地理位置和信息共享的程度，这四个影响因素相互影响、单独存在。王兴海（2013）从客户满意度出发，将供应链稳健性的影响因素归结为供应链网络的稳健性、完成数量比、完成时间率三种。沙穆特（Shamout，2019）使用调查数据和 PLS - SEM 方法，实证研究发现供应链创新不仅直接影响供应链稳健性的形成，还介导了供应链分析对供应链稳健性的积极影响作用。郭等（2018）通过对韩国全球供应链制造商和物流中介进行调研，同样发现供应链创新是稳健而有弹性的供应链形成的直接因素。朴赞权等（Park Chan-kwon et al.，2021）研究表明供应链风险管理策略对供应链稳健性有显著的正向影响，而供应链稳健性对企业绩效有显著的正向影响。陈思圆（2014）认为钢铁供应链稳健性影响因素包括钢铁供应链物流环节衔接能力、钢铁供应链各节点自身（生产环节、供应环节、销售环节）稳健水平和信息共享的程度。巴兹和鲁埃尔（Baz & Ruel，2021）研究了在新冠疫情暴发的情况下，供应链风险管理（SCRM）在缓解中断影响对供应链弹性和稳健性的影响中的作用，指出 SCRM 实践的中介了中断影响对供应链弹性和稳健性的影响，所有 SCRM 实践均对 SC 弹性产生积极影响，只有供应链风险识别和控制对供应链稳健性具有直接的积极影响。周耀烈和疏礼兵（2008）认为供应链稳健性包含供应链成员的内外信任、技术能力、合作层次和收益分配四个方面。

2.5.3.3　供应链稳健性测量

冈卡和维斯瓦纳德姆（Gaonka & Viswanadham，2004）认为供应链需要在战略、战术和运作三个层次上达到稳健性，并构建了稳健性供应链的框架。董（Dong，2006）同时考虑了网络结构的健壮性和网络功能的健壮性，提出了一种用于量化供应链网络稳健性指标的全系统方法。刘小峰、陈国华（2007）从供应链系统性能与结构两个维度来度量供应链的稳健性，分别定义为性能稳健性与稳定稳健性，然后分析了在受到不同干扰以及有无局部联盟的情况下供应链稳健性的表现。张昕瑞和王恒山（2009）从供应链管理的角度，构建了包括计划、采购、生产、配送和退货五个管理流程的供应链稳健性衡量体系。李彬等（2013）系统化设计了一种综合考虑风险和收益的供应链稳健性指标量化方法，该稳健性衡量指标体系包括服务水平的集成化、供应链持续供应能力和收益，并通过算例验证了该指标体系的科学性。阿登索－迪亚兹等（Adenso－Díaz et al. ，2017）提出了一种新的度量标准，比较了目标攻击下的稳健性和随机失效下的稳健性，发现量复杂性（即供应网络节点之间潜在的运输链接数）是影响供应网络及其稳健性以及中断后可以维持的服务水平的最重要因素，指出供应来源和运输路线的多样化是稳健性的关键。

2.5.3.4 供应链稳健性优化

供应链系统是一个人工设计的网络系统，当一个供应链系统在不确定性扰动作用下，缺乏抵御外来干扰的能力，即稳健性较弱时，则可对供应链进行稳健优化设计（邓爱民，2009）。

赵等（Zhao et al. ，2011）认为供应链网络稳健性的提高可以通过改变供应链网络的拓扑结构来实现。张怡等（2012）等研究认为网络的演化机制、模型中的敏感参数是供应链网络稳健性的测度因素，通过对这两项因素的改变和调整可以提高网络稳健性，并分析了不同拓扑结构的供应链网络模型在受到选择性干扰和随机干扰下的鲁棒性水平。阿迪达和佩拉基斯（Adida & Perakis，

2006）对由动态定价引起需求的不确定性的库存控制稳健优化问题进行了研究，展示了稳健性问题的解决算法，建立了供应链稳健性优化模型。王道平等（2013）提出了一个随机动态供应链系统稳健性判定的度量指标，使用 Markov 算法解决了随机线性跳变的供应链系统稳健性问题。梁等（Leung et al.，2007）考虑到制造地点、客户偏好、生产能力、劳动水平等诸多条件下的多点生产问题的不确定性，建立了稳健优化模型，通过调整惩罚参数，确定生产计划和劳动力水平，并对方案和模型的鲁棒性进行了分析。欧阳和达甘索（Ouyang & Daganzo，2008）分析了单级供应链的推动下牛鞭效应的任意客户的需求和经营非理性，应用马尔可夫跳跃线性系统模拟了含随机系统参数的供应链，提出了稳健性条件以诊断牛鞭效应并约束其规模，调整订购政策，从而降低了随机需求环境下供应链的牛鞭效应。潘和纳吉（Pan & Nagi，2010）设计了一个具有稳健性的优化供应链网络模型。弗拉伊奇等（Vlajic et al.，2012）开发了一种新的 SC 漏洞评估方法——VULA 方法，VULA 方法有助于确定在发生干扰的情况下，公司在特定关键绩效指标上表现不佳的程度、发生频率以及持续时间，为评估流程重新设计是否合适，以及应该采用什么样的重新设计策略来提高供应链的稳健性提供了依据。

供应链稳健优化的目的就是要千方百计防止不确定性可能给供应链绩效带来的不利影响，将这个过程中的不确定性降至最低，保证供应链上物料的正常流动、增加灵活性和确定性、降低采购供应和交易的成本，通过稳健优化来提高供应链整体竞争力（邓爱民等，2009）。

第 3 章

研究模型和假设

3.1 研究模型

自 19 世纪熊彼得提出"创新理论"以来，创新对企业长期发展的重要性已经得到了充分的探讨，但学术界对供应链创新（SCI）的具体关注还相对不足，少量涉及 SCI 的文献通常只提到这个词，缺乏对其内容和概念基础的透彻思考（Arlbjørn et al.，2011）。同时，随着全球一体化进程的加快，市场竞争日益激烈，商业环境日益复杂与多变，供应链中断事件时有发生，人们普遍意识到风险管理在供应链管理领域的重要性，并对供应链弹性和稳健性的构建展现出极大兴趣，然而却忽视了供应链创新和供应链风险管理能力之间可能存在某种内在的联系，尤其是在食品冷链领域，与此相关的研究几乎是空白的。基于此，本章在资源基础理论和动态能力理论的基础上，结合能力层次结构框架，提出此次研究的理论模型，如图 3 - 1 所示。

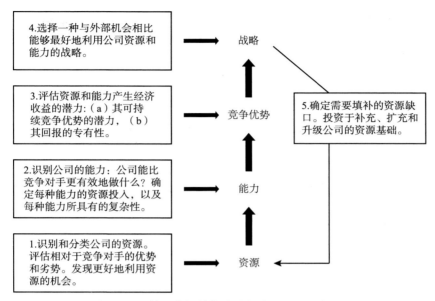

图 3 - 1　基于资源的战略分析方法：实用框架

资料来源：Grant（1991），P115.

格兰特（1991）基于资源基础理论，提出了战略制定框架（Competitive Advantage），认为资源（Resource）是基础，资源（Resource）开发企业的能力（Capbilities），而能力是竞争优势的直接来源。根据能力的演化进程，能力的概念已经从关注企业内部成长的普通能力逐渐转为适应不断变化的市场环境而必备的动态能力，并将其定义为一种高阶能力（Zollo & Winter，2002；Winter，2003；Teece，2014；2016），而关注企业内部成长的能力被定义为静态（Collis，1994），零级（Winter，2003），称为普通能力（Zollo & Winter，2002；Winter，2003；Teece，2014；2016）或运营能力（Winter，2003；Helfat & Winter，2011），并将它归为一种低阶能力，如图 3 - 2 所示。

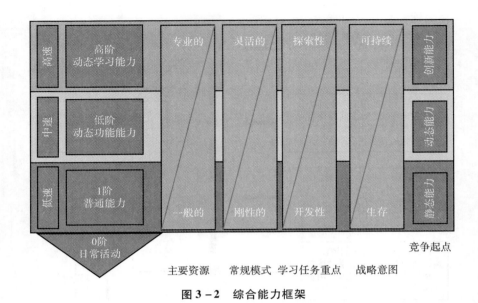

图 3 - 2　综合能力框架

资料来源：Hine et al.（2013），P10.

海因等（Hine et al.，2013）在尼尔森和温特（Nelson & Winter，1982）的常规层次和科利斯（Collis，1994）的能力层次基础上，将动态能力进一步细分，开发了一个包含 0 阶资源（Zero - Level Routines），1 阶普通能力，低阶动态能力和高阶动态能力的综合能力框架。在这个能力层次结构中，起点是最低形式的零级活动，这些零级活动有助于企业绩效，但并不能直接促进竞争优势。高阶能力对企业战略的影响最大，但企业的有效运作仍有赖于低阶能力的成功管理（Hine et al.，2013）。

同时，在与创新和供应链能力相关的实证研究方面，学者根据不同的视角，提供了大量有参考价值的研究。

金（2006）基于资源的观点，假设供应链通信系统（SCCS）中的应用技术创新和管理创新可以被视为增强渠道能力的企业资源，进而影响企业的市场绩效，依照资源—能力—绩效的线路开发了理论模型，并通过对美国供应链和物流管理者进行的 184 份问卷为基础，用结构方程模型为分析方法，验证了该模型的合理性，如图 3 - 3 所示。

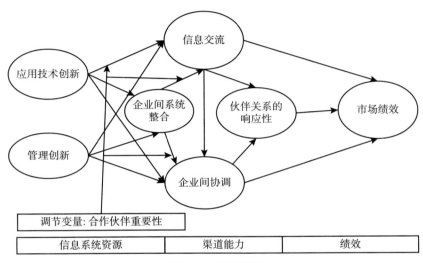

图 3 - 3 运营模型

资料来源：Kim.（2006），P42.

卡米松和维拉 - 洛佩兹（Camisón & Villar - López，2014）仔细探讨了组织创新的定义和重要性，验证了组织创新作为企业内部拥有的不易模仿与流动的异质性资源，是流程创新能力、产品创新能力和企业绩效的促成因素。该模型的建立进一步为我们理解创新与创新能力之间的关系提供了有力的依据，如图 3 - 4、图 3 - 5 所示。

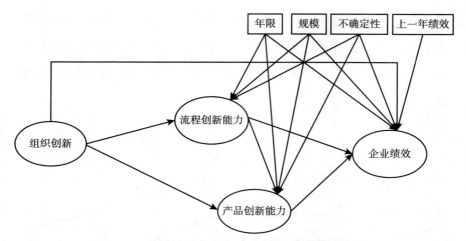

图3-4　组织创新、技术创新能力和企业绩效的假设模型

资料来源：Camisón & Villar - López．（2014），P8．

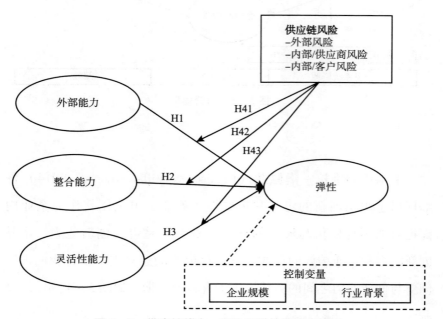

图3-5　供应链能力、风险和弹性的概念模型

资料来源：Brusset & Teller．（2017），P63．

布鲁塞特和泰勒（2017）则将供应链能力划分为外部能力、整合能力和灵活能力三种低阶能力，实证分析了理论构建的供应链弹性开发模型，探讨了供应链能力对供应链弹性形成的影响机制，为我们了解实现弹性供应链的低阶能力提供了有价值的帮助。

郭等（2018）是唯一同时将供应链创新和风险管理能力纳入框架进行实证研究的学者，他们研究了供应链创新（资源）对供应链风险管理能力（动态能力）和竞争优势的影响关系，为供应链创新可以直接影响供应链风险管理能力提供了有力的依据，然而，郭等（2018）并未对供应链创新如何影响风险管理能力进行深入研究，特别是未对不同供应链创新进行详细阐述，如图 3－6 所示。

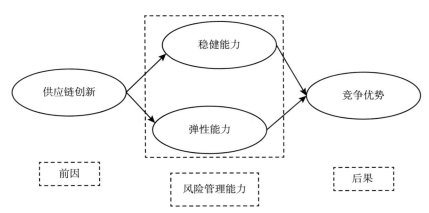

图 3－6 供应链创新、风险管理能力和竞争优势的结构模型

资料来源：Kwak et al.（2018），P12.

综上所述，基于资源的观点，资源建立了企业的能力（Grant，1991），我们确定了资源——能力的框架视图。同时，根据能力层级模型，我们将冷链能力划分为更经常讨论的普通能力和动态能力，根据动态能力理论，动态能力是建立在一般操作例程、普通能力或者低阶能力之上的更为高阶的能力（Zollo & Winter，2002；Winter，2003；Teece，2014；2016），本章构建了以下概念模型，如图 3 - 7 所示。

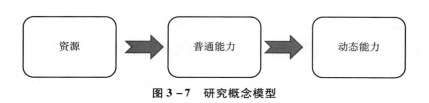

图 3 - 7　研究概念模型

同时，通过对文献的梳理发现，部分研究证实了供应链创新是竞争优势的来源（Kwak et al.，2018），可以提高组织绩效（Lee et al.，2011），促进供应链的可持续发展（Dey et al.，2018），但是相关研究却忽视了供应链创新在风险管理方面发挥的巨大作用，特别是在食品冷链领域，食品冷链企业是否可以通过冷链创新应对各种可能发生的中断事件，以及冷链能力在其中所起的作用并没有清晰的认识和详细的探讨，因此，本章提出如图 3 - 8 所示的理论模型。

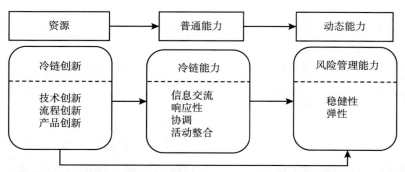

图 3 - 8　中国食品冷链创新对冷链风险管理能力影响研究的理论模型

3.2　研究假设

3.2.1　冷链创新与冷链能力

基于资源基础理论，资源建立了企业的能力（Grant，1991）。资源不仅包括有形的物质资源、货币资源和人力资源（Ansoff，1965 年），还包括无形的组织技能和知识以及技术诀窍（Hofer & Schendel，1978 年）。权变理论家认为，适应外部环境是为了提高组织的效率和有效性，而创新就是实现这些结果的途径之一（Donaldson，2001）。供应链创新（技术创新，流程创新，产品创新）作为供应链持续发展必不可少的资源，在很大程度上可以促进供应链能力的提升，以适应瞬息万变的市场环境，取得竞争优势，保持供应链可持续发展。

马龙和克劳斯顿（Malone & Crowston，1994）认为供应链创新主要是链上企业的合作，企业间需要通过建立适当的关联、协调关系，保持目标、决策的一致性，从而实现供应链整体的目标，达到供应链整体利益最大化。金等（2006）假设某些 SCCS 创新可以被视为增强渠道能力的企业资源，基于美国调查的 184 项答复，结果表明，SCSC 的行政创新直接增强了信息交换和协调活动。此外，应用技术创新对 SCCS 的影响还不足以影响合伙企业的响应能力或公司绩效，而 SCCS 的行政创新则对两者都有影响。帕纳伊德斯和苏（Panayides & So，2005，P192 – 193）指出，"随着供应链各方在采用新流程、业务程序和投资于新技术系统方面更具创新性，供应链在履行承诺、达到标准和解决问题的能力方面的有效性将得到改善。"

　　创新的一项关键应用是将先进的 IT 技术或系统集成到转换功能中。例如，电子供应链管理的实施使供应链管理实践得以成功（Wu & Chuang，2010），围绕供应链通信系统的技术创新增强了渠道关系并影响了市场绩效（Kim et al.，2006）。技术创新是由于使用新技术、工具、设备或系统而产生的，通过这些新技术、工具、设备或系统，组织可以增强其能力（Damanpour，1987），技术创新应对环境因素，如技术知识或不确定的市场条件（Kim，2010），并帮助组织应对快速变化、外部环境动荡和复杂性（Jiménez – Jiménez & Sanz – Valle，2011）。喜崇彬（2018）分析华冷物流有限公司的创新冷链服务，借助集团信息化管理平台与华冷物流有限公司的冷链物流体系，对传统超市模式进行技术升级，实现超市全智能管理，创建自由购物新模式。超市所售产品采用全面冷藏技术、全程冷链运输、全链可溯源体系，确保农产品上市的最佳时机和新鲜度。陶萍（2016）研究了冷链物流的流程，并提出哈尔滨鲜活农产品区域内和跨区域两种新型的冷链物流模式，以提高哈尔滨鲜活农产品的流通效率，实现鲜活农产品在物流过程中的增值。冯贺平等（2017）针对果蔬农产品在运输过程中的损耗问题，建立了以 ZigBee 技术为基础的果蔬冷链物流实时在线监控系统，实现对产品的温、湿度的监控。

　　供应链创新是一个复杂的过程，通过利用技术创新和流程创新产生信息处理和新的物流服务，以便为客户需求提供解决方案，并确定更好的流程的新方法（Lee et al.，2011）。它可以提高业务能力（Kwak et al.，2018），比如敦豪（DHL）、联邦快递（Fe-dEx）和联合包裹（UPS）等全球物流公司正试图在物流相关能力方面进行创新改进（Golgeci & Ponomarov，2013）

对产品创新与能力关系的对等关系的见解不仅通过检查能力如何在产品创新中使用，而且还通过如何构建能力，以及通过检查一种能力可以用于构建另一种能力来扩展资源理论（Danneels，2002）。关键的变更代理和利用（动机，发明，实施以及理论化和标签化），这些问题有助于感知、抓住和重新配置，产品或服务的创新有助于保持以能力为动力的竞争优势（Gebauer，2011）。丹尼尔斯（Danneels，2002）通过对现场数据研究得出类似的结论，产品创新会通过其对公司能力的影响而产生路径依赖性，进而影响公司可能开发并成功的新产品，开发和营销新产品是可以扩大公司能力基础的活动，从而可以开发更多新产品。维什尼奇等（2014）的研究表明，产品创新和服务业务模型创新之间的相互作用虽会牺牲一定程度的短期绩效，但会带来长期的绩效收益。金（2013）研究了韩国进出口公司供应链管理中流程创新因素，供应链内部整合，供应商整合，客户整合因素和业务绩效因素之间的结构关系，对韩国 207 家实施供应链管理的进出口公司进行问卷调查，研究表明，流程创新对供应链整合产生积极影响。

基于以上文献综述，本章认为，冷链创新（技术创新，流程创新，产品创新）有助于冷链能力的形成，因此，提出以下假设：

H1：冷链创新对冷链能力有正向影响

H1a：冷链技术创新对冷链信息交流能力有正向影响

H1b：冷链技术创新对冷链响应能力有正向影响

H1c：冷链技术创新对冷链协调能力有正向影响

H1d：冷链技术创新对冷链活动整合能力有正向影响

H1e：冷链流程创新对冷链信息交流能力有正向影响

H1f：冷链流程创新对冷链响应能力有正向影响

H1g：冷链流程创新对冷链协调能力有正向影响

H1h：冷链流程创新对冷链活动整合能力有正向影响

H1i：冷链产品创新对冷链信息交流能力有正向影响

H1j：冷链产品创新对冷链响应能力有正向影响

H1k：冷链产品创新对冷链协调能力有正向影响

H1l：冷链产品创新对冷链活动整合能力有正向影响

3.2.2 冷链能力与风险管理能力

稳健性和弹性作为两种关键的风险管理能力，在灾难前和灾难后围绕破坏性事件的阶段进行调整、整合和重新配置，使得供应链能够以最低成本有效地从突发事件中恢复，这种能力就是供应链的动态能力（Kwak et al.，2018）。根据动态能力理论，动态能力是建立在一般操作例程、普通能力或者低阶能力之上的更为高阶的能力（Zollo & Winter，2002；Winter，2003；Teece，2014；2016），本书认为，普通的冷链能力可以促进高阶的风险管理能力。大量围绕稳健性和弹性相关研究为我们提供了有价值的参考。

布鲁塞特和泰勒（2017）将供应链能力划分为外部能力、整合能力和灵活能力三种低阶能力，向我们展示了供应链能力如何积极促进供应链弹性的构建。曼达尔等（Mandal et al.，2016）研究综合物流能力和供应链能力对供应链弹性的影响作用，研究结果表明综合物流能力和供应链能力对供应链弹性具有积极影响。

拉瓦斯特等（Lavastre et al.，2012）通过对法国 50 家制造型企业的 142 位管理者的问卷调研得出，有效的供应链风险管理应建立在供应链上企业协作和信息交互的基础上。在发生中断的情况下，除非供应链中的所有参与企业以协同的方式进行合作和响应，否则供应链中的恢复力就无法实现（Jüttner & Maklan，2011；Pono-marov & Holcomb，2009）合作伙伴关系有助于有效管理风险（Sinha et al.，2004）。合作有助于在灾难中保持供应链组织的团结（Barratt 2004；Richey & Autry 2009）。赫伯曼等（Habermann et al.，2015）研究了供应链合作伙伴的分散和合用对降低供应链中断风险的影响。

及时的信息交流可以确保供应链的透明度。这样，供应链中的各个公司都非常了解整个供应链中的重要事件和活动（Francis，2008）。拉瓦斯特等（Lavastre et al.，2012）认为，通过共享风险相关信息来提高供应链可视性的努力会增加供应链风险规避。在面对各种可能的供应链风险时，只要供应链中的所有成员都有足够的信息交流，供应链就可以更好地抵御风险或在风险发生后能迅速恢复到更好的性能状态。信息交换及时地影响每个成员的事件准备（Jüttner & Maklan，2011），从而使供应链更有稳健性和弹性。杜比等（2019）基于资源的观点确定了供应链连通和信息共享可以提高供应链的可视性，从而增强供应链弹性。

斯科尔腾和施尔德（Scholten & Schilder，2015）采用案例研究方法，研究了 SCRE 中买方与供应商合作的影响，认为协作活动可以实现可见性、速度和灵活性，进而实现 SCRE。在紧急情况下快速响应市场需求的能力是 SCRE 的一个重要决定因素（Sheffi & Rice，2005；Wieland & Wallenburg，2013）。尤特纳和马克兰

（2011）指出，与非应变公司相比，应变能力强的公司能够更快地应对环境变化。一个组织对环境力量作出快速反应的能力可以说是一种独特的能力，是竞争优势的独特来源（Chowdhury & Quaddus，2017）。谢菲和莱斯（Sheffi & Rice，2005）认为，灵活性赋予供应链一种有机能力，有助于发现中断和制订应急计划。因此，它有能力遇到、解决并在适当情况下利用突发事件（Jüttner & Maklan，2011）。更高水平的供应链速度将通过提高从中断中恢复的速度使供应链更有弹性（Mandal et al.，2016）。同样，反应迅速的冷链具有更高水平的供应链速度，将通过提高应对中断和从中断中恢复的速度而使冷链更有稳健性和弹性。

综上所述，本章认为冷链能力对风险管理能力有正向的促进作用，基于此，提出以下假设：

H2：冷链能力对冷链风险管理能力有正向影响

H2a：冷链信息交流能力对冷链弹性有正向影响

H2b：冷链信息交流能力对冷链稳健性有正向影响

H2c：冷链响应能力对冷链弹性有正向影响

H2d：冷链响应能力对冷链稳健性有正向影响

H2e：冷链协调能力对冷链弹性有正向影响

H2f：冷链协调能力对冷链稳健性有正向影响

H2g：冷链活动整合能力对冷链弹性有正向影响

H2h：冷链活动整合能力对冷链稳健性有正向影响

3.2.3 冷链创新与风险管理能力

创新和风险的关系一直是有较多的争议的话题（Klein –

Schmeink & Peisl，2013）：一方面，创新可以带来机遇；另一方面，创新又伴随着不确定性和风险。通过文献梳理，我们可以发现创新与风险管理一些潜在的逻辑关系。

胡和谢（Hu & Xie，2016）认为创新提高了银行的技术水平，进而提高了银行的效率，比如新形式的银行产品，网上银行、手机银行、电话银行、自动取款机和 POS 网络，这些产品提供了较高的回报和较低的成本优势，而高效率将转化为降低银行违约的可能性和增强稳定性（Schaeck & Cihak）。这从某种程度上可以说明，创新可以降低风险发生的可能，提升整体风险管理能力。最近，大量研究证实了信息和通信技术可以提升供应链能力，增加组织敏捷性并带来积极的绩效影响（Bi et al.，2013；wu et al.，2006），数字技术的最新进展预示着包括制造和物流在内的多个行业部门和供应链流程将发生根本性变化（Kagermann，2015）。技术的创新，比如实时供应链和物流渠道跟踪系统可以提高公司抵御内部和外部中断以及潜在风险的能力。阿伯丁集团通过对 180 家全球公司的调查同样发现，利用技术创新和信息系统等创新流程可以增强风险管理（Minahan，2005）。

此外，创新的工具、包装、敏捷和响应流程似乎是一种辅助机制，供应链和物流公司可以通过这些机制来提高风险管理能力，从逻辑上增强抵御力和稳健性（Waters，2007）。同时，供应链创新需要持续改变供应流程、方法和安排，这些变化为计划、监控、预测和补给提供了很大的自由度，从而在发生危机时能够做出准确、具体和快速的决策，从而增强企业的稳健性和应变能力（Shamout，2019）。供应链创新以新的和先进的供应链技术和投资形式出现（Wagner，2008）。当供应链创新作为一种资源得到充分整合时，供应链网络将能够识别经常发生的风险事件，并有效地为这些事件做好准备，从而提高稳健性，最大限度地减少风险的发生和影响（Kwak et al.，2018）。阿姆布尔卡等（Ambulkar et al.，2015）也证实了这一点，表明供应链创新可以最大限度地降低风险，还可以促进资源和方法的重新配置以提高弹性。李等（Lee et al.，2011）提出了一个研究模型，该模型描述了 SC 创新、供应商合作、SC 效率和质量管理（QM）对组织绩效的影响。结果表明，供应链创新对优秀供应商的选择与合作、供应链效率的提高以及质量管理实践的激励具有重要正向影响。SC 创新可以减少成本和交付时间，创建新的运营策略，提供一致的质量以及开发灵活性以应对业务环境的快速变化（Stundza，2009），因此，供应链创新将有助于提高供应链动态能力，确保在快速变化的环境中也能提供高效的产品和服务。戈文达等（Govindan et al.，2015）指出在一个不确定的环境中，供应链管理必须以客户最大需求为策略。这意味着供应链必须更加有弹性，同时提高供应链灵活性和弹性的做法将提高供应链竞争水平和绩效。

郭等（2018）开发了一个关于供应链创新与风险管理能力（稳健性和弹性）及竞争优势的理论模型，并通过与参与全球供应链业务的韩国制造商和物流中介进行的大规模问卷调查进行了评估，结果显示供应链创新对稳健性有积极的影响，并且直接影响供应链弹性的形成，具有高水平创新的供应链，其风险管理能力也更高。这为我们的假设提供了直接的依据来源。

综上所述，本章提出以下假设：

H3：冷链创新对冷链风险管理能力有正向影响

H3a：冷链技术创新对冷链弹性有正向影响

H3b：冷链技术创新对冷链稳健性有正向影响

H3c：冷链流程创新对冷链弹性有正向影响

H3d：冷链流程创新对冷链稳健性有正向影响

H3e：冷链产品创新对冷链弹性有正向影响

H3f：冷链产品创新对冷链稳健性有正向影响

3.2.4 冷链能力的中介作用

基于资源的观点，资源建立了企业的能力（Grant，1991）。本章认为，冷链创新的三种类型，即冷链技术创新、冷链流程创新和冷链产品创新，作为冷链企业的重要资源，可以帮助冷链企业应对复杂多变的市场环境，避免冷链中断的发生，对风险管理能力产生积极的影响。基于动态能力理论，动态能力是建立在一般操作例程、普通能力或者低阶能力之上的更为高阶的能力（Zollo & Winter，2002；Winter，2003；Teece，2014，2016）。因此，本章引入冷链能力作为中介变量，认为冷链创新可能通过低阶的冷链能力对高阶的风险管理能力产生积极影响。目前已有的一些相关研究，可以为我们的假设提供经验借鉴。

金等（2006）认为供应链通信系统（SCCS）的应用技术创新和行政创新是公司重要的信息系统（IS）资源，它们通过对渠道能力的提升可以影响企业的市场绩效，其中，企业间系统集成和信息交换，企业间协调，伙伴企业的响应性在供应链通信系统（SCCS）的应用技术创新、行政创新和市场绩效之间扮演了重要的中介作用。卡米松和维拉－洛佩兹（2014）研究了组织创新对流程创新能力、产品创新能力的影响作用，研究结果表明，组织创新可以直接影响流程创新能力，而对产品创新能力的影响是通过流程创新能力来实现的。拉贾帕蒂拉纳和惠（Rajapathirana & Hui，2018）同样发现保险行业的服务产品创新、流程创新、组织创新和营销创新可以对企业绩效的积极影响作用。随着供应链各方在采用新流程、业务程序和投资于新技术系统方面更具创新性，供应链在履行承诺、达到标准和解决问题的能力方面的有效性将得到改善（Panayides & So，2005）。

曼达尔等（2016）验证了综合物流能力、供应链能力和供应链弹性之间的相互影响关系，并指出供应链能力作为供应链弹性的重要先决条件，管理人员应将更多的精力放在发展自己的综合物流能力上，以提高供应链能力，从而在动荡的市场中维持其运营。吴（2006）关注了供应链能力在 IT 相关资源和公司绩效之间的中介作用，研究表明，供应链能力可以起到催化作用，能够将与 IT 相关的资源转化为企业更高的价值。布鲁塞特和泰勒（2017）则直接指出，供应链能力对供应链弹性具有直接影响作用，并通过对 171 名管理者的调查验证了该假设模型。大量研究证实，供应链成员间协作，供应链连通和信息共享，迅速响应状态变化的网络，供应链速度等是弹性形成的关键因素（Dubey et al.，2019；Mandal et al.，2016；Christopher & Peck，2004；Jüttner & Maklan，2011）。

综合上述文献，本章认为，冷链创新可以通过对冷链能力的提升，进而影响冷链风险管理能力，因此，提出以下假设：

H4：冷链能力在冷链创新和冷链风险管理能力中起中介作用

H4a：冷链信息交换能力在冷链技术创新和冷链稳健性中起中介作用

H4b：冷链响应能力在冷链技术创新和冷链稳健性中起中介作用

H4c：冷链协调能力在冷链技术创新和冷链稳健性中起中介作用

H4d：冷链活动整合能力在冷链技术创新和冷链稳健性中起中介作用

H4e：冷链信息交换能力在冷链技术创新和冷链弹性中起中介作用

H4f：冷链响应能力在冷链技术创新和冷链弹性中起中介作用

H4g：冷链协调能力在冷链技术创新和冷链弹性中起中介作用

H4h：冷链活动整合能力在冷链技术创新和冷链弹性中起中介作用

H4i：冷链信息交换能力在冷链流程创新和冷链稳健性中起中介作用

H4j：冷链响应能力在冷链流程创新和冷链稳健性中起中介作用

H4k：冷链协调能力在冷链流程创新和冷链稳健性中起中介作用

H4l：冷链活动整合能力在冷链流程创新和冷链稳健性中起中介作用

H4m：冷链信息交换能力在冷链流程创新和冷链弹性中起中介作用

H4n：冷链响应能力在冷链流程创新和冷链弹性中起中介作用

H4o：冷链协调能力在冷链流程创新和冷链弹性中起中介作用

H4p：冷链活动整合能力在冷链流程创新和冷链弹性中起中介

作用

H4q：冷链信息交换能力在冷链产品创新和冷链稳健性中起中介作用

H4r：冷链响应能力在冷链产品创新和冷链稳健性中起中介作用

H4s：冷链协调能力在冷链产品创新和冷链稳健性中起中介作用

H4t：冷链活动整合能力在冷链产品创新和冷链稳健性中起中介作用

H4u：冷链信息交换能力在冷链产品创新和冷链弹性中起中介作用

H4v：冷链活响应能力在冷链产品创新和冷链弹性中起中介作用

H4w：冷链协调能力在冷链产品创新和冷链弹性中起中介作用

H4x：冷链活动整合能力在冷链产品创新和冷链弹性中起中介作用

3.3　变量的定义与测量

在确定了模型框架与研究方法之后，需要进行数据的收集，对模型进行验证，上文通过对文献的归纳与总结界定了冷链创新、冷链能力、冷链风险管理能力以及供应不确定性的维度体系，本节将进一步给出各变量的相关定义，并在国内外学者相关成熟量表的基础上，筛选和总结出科学且有理论依据的测度指标体系，最终制定出完整的量表。以下为具体的量表设计。

3.3.1 技术创新

技术创新是企业在发展中以创造新技术为目的而进行的策略变革，在组织的生产活动中重组所需要素进行科学实践取得显著经济和社会效益的过程（Camisón & Villar – López，2014），客户需求推动技术创新（Gualandris & Kalchschmidt，2014），技术创新影响了供应链运营模式（Brettel et al.，2014）

本节基于金等（2006），郭等（2018），谢洪明等（2006）和阿卜杜拉等（Abdallah et al.，2016）的测量指标开发冷链技术创新的问卷量表，问卷项目使用李克特 5 点量表进行测量，其中包括 5 个问题。问题及其参考如表 3 – 1 所示。

表 3 – 1 技术创新测量指标

指标	问题	参考
技术创新（TI）	我们追求可以集成冷链信息的尖端系统	金等（Kim et al.，2006） 郭等 （Kwak et al.，2018） 谢洪明等（2006） 阿卜杜拉等 （Abdallah et al.，2016）
	我们追求实时跟踪冷链和渠道的技术	
	我们积极采用或开发用于冷链的新技术	
	我们积极酝酿制定冷链技术创新计划	
	我们积极加大冷链技术创新投入	

3.3.2 流程创新

流程创新是为实现业务灵活性和流程优化，降低生产成本和提高产品质量，组织对其所从事的管理工作流程及工艺流程等进行重新设计和构建的过程。它将新元素引入组织的管理和生产运营中（Brem et al.，2016；Salerno et al.，2015）。涉及使用新知识、工具和设备投入，可以帮助组织重新配置，利用和最大化资源和功能，从而降低成本并提高生产效率（Salerno et al.，2015）。

本节基于郭等（2018），金（2013）和切拉夫等（Cherrafi et al.，2018）的测量指标开发冷链流程创新的问卷量表，问卷项目使用李克特 5 点量表进行测量，其中包括 5 个问题。问题及其参考如表 3 - 2 所示。

表 3 - 2　　　　　　　　　流程创新测量指标

指标	问题	参考
流程创新（PCI）	我们在冷链流程中追求持续创新	郭等（Kwak et al.，2018） 金（Kim，2013） 切拉夫（Cherrafi et al.，2018）
	我们针对冷链中的变化实行敏捷响应的流程	
	我们快速响应同行业中其他公司引入的新流程	
	我们积极增强冷链流程的一致性	
	我们积极建立冷链流程修改和改善机制	

3.3.3　产品创新

产品创新是指为满足外部用户或市场需求而引入的新产品或新服务。它与市场产品有关，如新产品、新服务或新计划（Kahn，2018）。产品创新一直被认为是价值创造的主要驱动力之一（Vis-njic et al.，2014）。

本节基于郭等（2018），谢洪明等（2006）和阿尔和巴吉（Ar & Baki，2011）的测量指标开发冷链产品创新的问卷量表，问卷项目使用李克特 5 点量表进行测量，其中包括 5 个问题。问题及其参考如表 3 – 3 所示。

表 3 – 3　　　　　　　　　　产品创新测量指标

指标	问题	参考
产品创新（PDI）	我们追求创新的冷链方法和/或服务	郭等（Kwak et al. ，2018）谢洪明等（2006）阿尔和巴吉（Ar & Baki，2011）
	我们积极开发新的冷链产品/服务	
	我们的新产品/服务通常得到客户认可	
	我们的产品/服务创新率是过去三年中最高的	
	我们有相当高的利润是来自新开发的产品/服务	

3.3.4　信息交流

信息交换（information exchange）是指企业以有效的方式与供应链合作伙伴共享知识的能力（wu et al. ，2006）。有效的信息交换被认为是供应链过程中最基本的能力之一（Shore & Venkatachalam，2003）。

本节基于吴等（2006），杜比等（2019）和金等（2006）的测量指标开发冷链信息交流能力的问卷量表，问卷项目使用李克特 5 点量表进行测量，其中包括 5 个问题。问题及其参考如表 3 – 4 所示。

表 3 - 4 信息交流测量指标

指标	问题	参考
信息交流 （E）	我们能与合作伙伴交换足够多的信息	吴等（Wu et al.，2006） 杜伯等（Dubey et al.，2019） 金等（Kim et al.，2006）
	我们能与合作伙伴交换完整的信息	
	我们能与合作伙伴自由的交换信息	
	我们与合作伙伴交换的信息非常可信	
	我们可以从与合作伙伴交换信息受益	

3.3.5 响应性

供应链响应性是指渠道成员对环境变化的协同响应程度，是企业供应链能力的关键维度之一（Wu et al. 2006）。

本节基于吴等（2006），金等（2006）和曼达尔等（2016）等的测量指标开发冷链响应能力的问卷量表，问卷项目使用李克特 5 点量表进行测量，其中包括 5 个问题。问题及其参考如表 3 - 5 所示。

表 3 - 5 响应性测量指标

指标	问题	参考
响应性 （RE）	我们的冷链可以快速响应变化的客户和供应商需求	吴等（Wu et al.，2006） 金等（Kim et al.，2006） 曼达尔等 （Mandal et al.，2016）
	我们的冷链可以快速响应竞争者战略的改变	
	我们的冷链可以快速响应商业环境的变化	
	我们的冷链可以快速应对环境中的威胁	
	我们的冷链可以更快更有效地开发和推广新产品	

3.3.6　协调

　　企业间协调是指企业与供应链合作伙伴协调交易相关活动的能力（Clemons & Row，1993）。改善供应链合作伙伴之间的协调有助于降低交易成本和提高供应链合作伙伴之间的运营效率，因此它是评估企业供应链能力的关键指标之一（Sahin & Robinson，2002）。

　　本节基于吴等（2006），金等（2006）和冯华等（2018）的测量指标开发协调能力的问卷量表，问卷项目使用李克特 5 点量表进行测量，其中包括 5 个问题。问题及其参考如表 3 - 6 所示。

表 3 - 6　　　　　　　　　　　　协调测量指标

指标	问题	参考
协调（CO）	我们的业务部与合作伙伴的协调效率更高	吴等（Wu et al.，2006）金等（Kim et al.，2006）冯华等（2018）
	我们的业务部与合作伙伴的协调时间更少	
	我们的业务部与合作伙伴的协调成本更低	
	我们的业务部合作伙伴交易后续活动的效率更高	
	我们的业务部与合作伙伴的协调工作人员更少	

3.3.7　活动整合

　　活动整合被概念化为企业与供应链合作伙伴协调其战略渠道活动（如规划和预测）的程度（Bowersox et al.，1999）。活动整合的水平，是一个企业供应链能力的良好指标（Wu et al.，

2006）。

本节基于吴等（2006），金等（2006）和冯华等（2018）的测量指标开发活动整合能力的问卷量表，问卷项目使用李克特 5 点量表进行测量，其中包括 5 个问题。问题及其参考如表 3 – 7 所示。

表 3 – 7　　　　　　　　　　活动整合测量指标

指标	问题	参考
活动整合（AI）	我们与合作伙伴合作制定战略计划	吴等（Wu et al.，2006）金等（Kim et al.，2006）冯华等（2018）
	我们积极与合作伙伴进行预测和计划方面的合作	
	与我们的合作伙伴合作规划未来的需求	
	与合作伙伴需求预测和规划的合作是我们经常做的事情	
	我们总是与合作伙伴之间进行合作性的预测和计划活动	

3.3.8　弹性

弹性是供应链系统在遭到破坏后，恢复原状态或创建更理想的新状态的能力（Carvalho，2012），可以被描述为在动荡环境中生存的组织能力（Ates & Bititci，2011）。它能对中断做出反应，并通过保持业务连续性，保持所需的连通性和对结构和功能的控制来从中恢复（ponomarov & Holcomb，2009），使公司即使面临严重的供应中断也能够保持可持续性。因此，弹性通常被认为是有效应对供应链风险的能力（Kwak et al.，2018）。

本节基于郭等（2018），布鲁塞特和泰勒（2017）和高尔盖奇和波诺马罗夫（Golgeci & Ponomarov，2013）的测量指标开发冷链弹性的问卷量表，问卷项目使用李克特 5 点量表进行测量，其中包括 5 个问题。问题及其参考如表 3 - 8 所示。

表 3 - 8　　　　　　　　　　　　弹性测量指标

指标	问题	参考
弹性 RS	我们可以通过快速重新设计冷链流程来适应破坏性情况	郭（Kwak et al.，2018）布吕塞特和泰勒（Brusset & Teller，2017）高尔盖奇和波诺马罗夫（Golgeci & Ponomarov，2013）
	我们可以快速恢复到以前的性能水平或更理想的水平	
	我们能及时并充分地应对冷链物流中断	
	我们能够快速响应减少负面影响的程度	
	我们公司冷链已为意外事件做好充分的准备	

3.3.9　稳健性

稳健性是指供应链系统在受到内、外部的突发事件扰动下，有效抵抗各种风险，维持自身安全稳定运转，保证供应链整体收益不发生偏差的能力（王兴海，2013），是供应链在各种可能的未来情况下能够履行其职能的程度（Colicchia & Strozzi，2012），简单来说可以理解为在可接受的性能损失下忍受中断的能力（Behzadi et al.，2017）。

本节基于郭等（2018）和沙穆特（2019）的测量指标开发供应链流程创新的问卷量表，问卷项目使用李克特 5 点量表进行测量，其中包括 5 个问题。问题及其参考如表 3 - 9 所示。

表 3 – 9　　　　　　　　　　技术创新测量指标

指标	问题	参考
稳健性（RO）	即使发生中断，冷链和物流网络也可以保持有效	郭等 （Kwak et al.，2018） 沙穆特 （Shamout，2019）
	即使发生中断，冷链和物流网络可以保持可持续	
	冷链和物流网络通过预见和准备避免或最小化风险发生	
	冷链和物流网络可以吸收经常性风险带来的严重负面	
	冷链和物流网络可有足够的时间来考虑最有效的反应	

3.4　问卷构成与分析方法

3.4.1　问卷构成

本书问卷主要由冷链创新、冷链能力和冷链风险管理能力三大部分构成。其中，冷链创新分为技术创新（technological innovation，TI）、流程创新（process innovation，PCI）、产品创新（products innovation，PDI）三个维度，每个维度分别有 5 个测量题项，共计 15 个题项。冷链能力分为信息交流（information Exchange，IE）、反应迅速（responsiveness，RE）、协调（coordination，CO）、活动整合（activity integration，AI）四个维度，每个维度分别有 5个测量题项，共计 20 个题项。风险管理能力（RMP）由稳健性（robustness，RO）、弹性（resilience，RES）两个维度构成，分别

有 5 个测量题项，共计 10 个题项。本问卷共由 9 个潜变量，45 个
测量题项构成，具体构成和题项参考来源见表 3 - 10。

表 3 - 10　　　　　　　　　　　　量表总体构成

构成	维度	题项数量	来源
冷链创新 （Cold Chain Innovation）	技术创新 （Technological Innovation）	5	金等（Kim et al.，2006） 郭等（Kwak et al.，2018） 谢洪明等（2006） 阿卜杜拉等（Abdallah et al.，2016）
	流程创新 （Process Innovation）	5	郭等（Kwak et al.，2018） 金等（Kim，2013） 切拉夫等（Cherrafi et al.，2018）
	产品创新 （Product Innovation）	5	郭等（Kwak et al.，2018） 谢洪明等（2006） 阿尔和巴吉（Ar & Baki，2011）
冷链能力 （Cold Chain Capability）	信息交流 （Information Exchange）	5	吴等（Wu et al.，2006） 杜贝等（Dubey et al.，2019） 金等（Kim et al.，2006）
	响应性（Responsiveness）	5	吴等（Wu et al.，2006） 金等（Kim et al.，2006） 曼达尔等（Mandal et al.，2016）
	协调（Coordination）	5	吴等（Wu et al.，2006） 金等（Kim et al.，2006） 冯华等（2018）
	活动整合 （Activity Integration）	5	吴等（Wu et al.，2006） 金等（Kim et al.，2006） 冯华等（2018）

续表

构成	维度	题项数量	来源
冷链风险管理能力（Cold Chain Risk Management Capability）	稳健性（Resilience）	5	郭等（Kwak et al.，2018） 布吕塞特和泰勒（Brusset & Teller，2017） 高尔盖奇和波诺马罗夫（Golgeci & Ponomarov，2013）
	弹性（Robustness）	5	郭等（Kwak et al.，2018） 沙穆特（Shamout，2019）

3.4.2　数据收集

本书基于现有文献的问卷量表，通过分析、整理，形成初步问卷。为了确保量表准确和清晰，对于来源于英文文献的量表进行翻译和回译，同时征求相关领域专家学者的意见，确定初始量表。问卷的设计主要包括三个部分：第一部分是对整个问卷的目的和背景进行介绍；第二部分是问卷的主体部分，主体信息采用李克特5点量表法，包括自变量冷链创新，中介变量冷链能力，因变量风险管理能力，总共由45个题项组成；第三部分是被调查者基本信息的搜集，包括被调查者职务、所属行业、产权类型、企业员工人数、企业年营业额等。初始量表形成后，调查问卷收集和分析分两阶段进行：预调研阶段（2020年5月）和正式调研阶段（2020年6月至2020年7月）。

预调研阶段通过线上线下相结合的方式，以江西省本地冷链企业的管理人员为对象投放问卷，总计回收37份有效问卷。根据奥森伯格等（Oksenberg et al.，1991）的建议，前测的样本量为

25～75 个，足以检测出题目是否有差异。利用 SPSS24.0 进行探索性因子分析，剔除不符合要求的题项，形成正式问卷。

正式调研以大量发放问卷的形式进行，目的在于通过大量调查取样，获得足够多的有效数据进行统计分析。考虑到样本需求量比较大，又在新冠疫情期间，实地调查比较困难，人力、物力和时间都相对有限，作者和中国物流与采购联合会冷链物流专业委员会合作，联合在线发起了问卷调查。调查的对象包括中国食品冷链企业的中高层管理人员，于 2020 年 6 月 1 日开始到 2020 年 7 月 30 日截止，历时 2 个月，总计回收 534 份样本，剔除无效问卷后，得到有效问卷 512 份，有效问卷回收率 95.8%。根据吴明隆（2009，P5）的建议，为了使样本数与整体模型适配度取得平衡，每个变量最好有 10 个样本以上，本研究有效样本量符合上述要求。

中国物流与采购联合会冷链物流专业委员会（以下简称"中物联冷链委"），是由商务部、农业农村部支持，民政部批准设立的全国性冷链物流行业组织，是中国物流与采购联合会下设专业委员会之一，是国内冷链物流领域的权威协会，中物联冷链委每年发布出版《中国冷链物流发展报告》等行业报告，研究数据被广泛引用，协助政府部门出台了多项冷链物流专项规划，组织制定了十余项冷链物流相关的国家、行业、团体标准，会员总量 800 余家。

3.4.3 分析方法

本书主要通过问卷调查的方法获取数据，并通过结构方程模型方法对数据和构建的理论模型进行多元统计分析。

结构方程模型是一种处理复杂的多变量数据的统计分析工具，它主要是利用联立方程组求解，但是没有严格的假设限定条件，现时允许自变量和因变量存在测量误差，通常被用于研究自变量（观测变量）与因变量（潜在变量）相互之间的关系，探讨和研究大样本数据的内在特性。结构方程模型由测量模型和结构方程两个部分组成，前者用来解释潜在变量和观测指标之间的相互关系，验证观测指标在多大程度上可以反映潜在的研究变量，其本质是验证性因子分析，而后者解释的主要是潜在变量之间的相互关系，一般用来检验研究假设的正确性。就方法论而言，结构方程模型（structural equation modeling，SEM）是当代行为与社会领域量化研究的重要统计方法，它是融合传统多变量统计分析中的"因子分析"与"线性模型回归分析"的统计技术，对各种因果模型可以进行识别、估计和验证。

具体来说，本章借助 Spss24.0 和 Amos21.0 软件对回收的问卷数据进行处理，主要涉及描述性统计分析、探索性因子分析、信度分析、效度分析、相关分析和结构模型的整体拟合检验、假设验证及相关路径分析。

第一，进行描述性统计分析以了解样本的统计特征，对样本对象有初步了解。

第二，使用探索性因子分析，对因子载荷和因子分组进行观察，判断与预期是否一致，并进行信度检验。

第三，对测量模型进行确定性因子分析，以验证因子与测量项之间的对应关系，并对测量模型的聚合效度和共同方法偏差进行检验。

第四，通过相关分析比较相关系数和显著性水平，对各变量间的相关强度进行判断。

第五，进行结构模型整体适配度检验，以了解模型与数据的拟合情况，然后，对模型进行路径分析，掌握构成概念之间具体关系，对提出的研究假设进行验证。

第六，对冷链能力的中介效应进行分析，明确总的中介效应和具体路径的中介效应以及中介效应占比。

第七，进行多群组分析，探索企业异质性带来的差异性影响。

第 4 章

实 证 分 析

4.1 描述性统计分析

为了对收集的样本特征有基本的了解，我们需要使用描述性统计分析功能。利用 Spss24.0 对样本中冷链企业的行业类别、企业性质、企业员工人数及年营业额等相关信息进行汇总，具体结果如表 4-1 所示。从该表中可知，参与本次调研的冷链企业，从事运输和仓储的最多（71.5%），其次是从事批发和零售的企业（11.3%），农副食品加工业（9.2%），食品制造业（1.8%），以及其他（6.3%），这与冷链以物流运输为主体的情况是相符合。在企业性质方面，大多数是私营企业（68.9%），联营企业（16.6%），国有企业（10.2%），集体和其他企业数目相当（1.6%），三资企业（1.2%），私营企业依然是中国食品冷链行业的主要组成部分；企业员工人数和年营业额在一定程度上可以反映企业规模大小，从统计结果来看，本次参与调研的中小型冷链企业居多，员工人数在 500 人以下的冷链企业占比达到 75.5%，而年营业额在 5000 万元以下的冷链企业占比也达到了 63.3%，这与中国冷链起步晚，市场分散，星级企业占比少，以区域性或地方性的冷链企业为主的实际情况是相符合的。

表 4-1 样本对象特征

类别		频数	比例（%）
行业类别	交通运输、仓储	366	71.5
	农副食品加工业	47	9.2
	食品制造业	9	1.8
	批发和零售业	58	11.3
	其他	32	6.3
企业性质	国有	52	10.2
	私营	353	68.9
	联营	85	16.6
	集体	8	1.6
	三资	6	1.2
	其他	8	1.6
企业员工人数	<50	147	28.7
	50~100	121	23.6
	101~500	119	23.2
	501~1000	57	11.1
	1001~5000	41	8.0
	5001~10000	6	1.2
	>10000	21	4.1
年营业额	<100	34	6.6
	100~1000	180	35.2
	1001~5000	110	21.5

续表

类别		频数	比例（%）
年营业额	5001～10000	82	16.0
	10001～50000	37	7.2
	50001～100000	31	6.1
	>100000	38	7.4

4.2 探索性因子分析

探索性因子分析（EFA）是一种数据简化的技术。其主要目的是探讨可观测变量的特征、性质及内部的关联性，并揭示有哪些主要的潜在因子可能影响这些观测变量，它要求所找出的潜在因子之间相互独立且有实际意义，并且这些潜在因子尽可能多地表达原可观测变量的信息（武松和潘发明，2014）。

在探索性因子分析之前，首先对数据进行 KMO 和 Bartlett 的球形检验以判断是否适合进行因子分析。KMO（Kaiser – Meyer – Olykin）统计量用于检验变量间的相关性是否足够小，是简单相关量与偏相关量的一个相对指数（武松和潘发明，2014）。KMO 的取值是介于 0 和 1 之间的常数，一般而言，只有 KMO 指数大于 0.6 时才适合对问卷进行因子分析（Kaiser & Rice，1974）。Bartlett 球形检验（Bartlett Test of Sphericity）用于检验相关矩阵是否是单位阵（武松和潘发明，2014）。它的零假设相关系数矩阵是一个单位阵，根据相关系数矩阵的行列式得到巴特利特球形检验法的统计量，如果该值较大，且其对应的相伴概率值小于指定的显著水平时（P＜0.05），拒绝零假设，表明相关系数矩阵不是单位阵，原有变量之间存在相关性，适合进行因子分析。

表 4 – 2　　　　　　　　KMO 和 Bartlett 检验结果汇总

构念	KMO 抽样适应性检验统计量	Bartlett 球形检验		
		近似卡方值	df	Sig
冷链创新	0.917	4899.355	105	0.000
冷链能力	0.943	6629.773	190	0.000
风险管理能力	0.931	2674.663	45	0.000

根据表 4 – 2 的结果，本节提出的各构念均适合进行因子分析。因此，本节通过 SPSS24.0 的降维功能进行探索性因子分析，分析结果见表 4 – 3。使用主成分方法提取了 9 个公因子，它们的累计贡献率达到了 70.09%，同时使用最优斜交旋转方法对因子矩阵进行旋转，题项都落入对应的因子分组，并且因子载荷都在 0.5 以上，说明这 9 个公因子能够较好地反映原始各项指标变量的大部分信息。因子与量表题项对应关系符合预期，说明符合模型中的维度特征，测量量表满足研究要求，具有良好的结构效度。

表 4 – 3　　　　　　　　探索性因子分析结果（N = 512）

变量	1	2	3	4	5	6	7	8	9
ti1	0.811	− 0.116	0.167	0.138	0.028	− 0.260	− 0.001	0.071	− 0.114
ti2	0.809	0.046	− 0.151	− 0.044	0.010	− 0.045	− 0.096	− 0.013	0.181
ti3	0.867	− 0.063	− 0.077	0.003	− 0.022	0.052	0.116	0.079	− 0.058
ti4	0.756	0.028	0.078	− 0.079	0.005	0.013	0.033	− 0.018	0.135
ti5	0.750	0.116	0.091	0.008	− 0.113	0.028	− 0.137	0.114	− 0.057

变量	1	2	3	4	5	6	7	8	9
pci1	0.119	− 0.004	0.033	0.028	0.667	0.113	0.241	− 0.154	− 0.089
pci2	0.058	0.007	0.053	− 0.050	0.768	− 0.076	− 0.250	0.140	0.178
pci3	− 0.068	− 0.100	0.032	0.119	0.834	− 0.204	− 0.098	0.246	− 0.018
pci4	0.030	0.056	− 0.032	− 0.102	0.715	0.065	0.245	− 0.314	0.151
pci5	− 0.127	0.009	− 0.045	− 0.074	0.882	0.082	− 0.019	0.094	− 0.174
pdi1	0.040	0.056	− 0.072	0.130	0.057	0.064	0.088	0.008	0.651
pdi2	0.183	− 0.012	0.063	0.004	0.054	0.062	0.069	− 0.126	0.685
pdi3	0.055	0.023	− 0.059	0.189	− 0.038	− 0.060	− 0.021	0.156	0.662
pdi4	− 0.033	− 0.036	0.047	− 0.031	− 0.046	0.022	− 0.024	0.048	0.923
pdi5	− 0.014	0.120	− 0.034	0.068	0.011	0.091	− 0.015	0.002	0.734
ie1	0.030	0.026	0.825	− 0.028	0.058	0.209	− 0.029	− 0.072	− 0.153
ie2	− 0.137	− 0.001	0.769	0.038	0.070	− 0.153	− 0.010	0.167	0.100
ie3	0.079	− 0.007	0.742	0.018	− 0.021	0.003	0.012	− 0.011	0.115
ie4	0.046	− 0.039	0.845	− 0.037	− 0.062	0.030	0.076	0.040	− 0.012
ie5	0.044	0.023	0.793	0.121	− 0.021	− 0.005	0.020	− 0.008	− 0.027
re1	− 0.121	− 0.025	− 0.017	0.072	− 0.051	0.848	0.018	0.153	− 0.077
re2	− 0.071	− 0.053	0.014	− 0.087	− 0.031	0.791	0.062	0.123	0.124
re3	0.085	0.044	0.030	0.265	− 0.001	0.593	− 0.015	0.071	− 0.100
re4	− 0.036	− 0.016	0.060	0.140	0.070	0.573	− 0.076	0.111	0.104
re5	− 0.001	− 0.003	0.079	0.141	0.006	0.557	− 0.148	0.037	0.254
co1	0.004	0.078	0.124	0.225	− 0.054	− 0.093	0.502	0.102	0.006
co2	0.126	− 0.050	− 0.164	0.186	0.072	0.019	0.725	0.098	− 0.107
co3	− 0.060	− 0.008	− 0.104	0.151	0.012	− 0.072	0.620	0.300	0.011
co4	− 0.187	0.003	0.152	0.116	− 0.066	− 0.097	0.545	0.145	0.140
co5	− 0.037	0.073	0.136	− 0.245	− 0.036	0.072	0.844	0.007	0.015
ai1	0.072	0.877	− 0.137	− 0.075	− 0.056	0.070	0.110	− 0.038	− 0.035
ai2	− 0.034	0.948	0.003	− 0.107	− 0.026	− 0.064	− 0.011	0.053	0.040
ai3	− 0.022	0.555	0.059	0.307	0.043	− 0.029	0.070	− 0.069	− 0.025

续表

变量	1	2	3	4	5	6	7	8	9
ai4	− 0.022	0.842	0.175	− 0.034	0.015	0.010	− 0.048	− 0.061	0.003
ai5	− 0.039	0.599	− 0.074	0.211	0.033	− 0.157	− 0.056	0.285	0.083
ro1	0.004	− 0.105	0.075	− 0.108	0.020	0.152	0.096	0.687	0.077
ro2	0.059	0.105	− 0.021	− 0.134	0.031	0.171	0.004	0.736	0.003
ro3	0.110	0.041	− 0.046	0.092	0.056	0.102	0.086	0.658	− 0.127
ro4	0.098	0.185	0.041	− 0.099	0.040	0.056	0.105	0.610	− 0.035
ro5	0.028	− 0.115	0.089	− 0.133	− 0.021	0.060	0.188	0.636	0.137
res1	0.019	0.008	0.031	0.799	− 0.068	0.034	0.052	− 0.133	0.014
res2	− 0.039	0.019	0.116	0.698	0.046	0.045	0.041	− 0.169	0.065
res3	− 0.037	− 0.092	− 0.030	0.756	− 0.076	− 0.047	0.101	− 0.022	0.182
res4	0.028	0.122	0.017	0.730	0.061	0.161	− 0.097	− 0.008	− 0.175
res5	0.066	− 0.102	− 0.027	0.832	− 0.013	0.096	− 0.051	− 0.027	0.045

KMO = 0.965，Bartlett = 16596.414，Sig. = 0.000，df = 990

同时，为了确保对变量测量的一致性和稳定性，有必要对样本数据进行信度分析。信度分析也称为可靠性分析，用来对量表内部一致性进行分析，评价测量结果的一致性、稳定性和可靠性（李怀祖，2004）。信度又可分为内在信度和外在信度，其中，内在信度是普遍使用的一个指标，是指量表中的一组问题或整个量表是否测量的是同一个概念，即这些问题之间的内在一致性如何，经常使用的系数为 Cronbach's α（卢纹岱，2010）。美国统计学家海尔（Hair，1998）认为 Cronbach's α 大于 0.7 为高信度。一般情况下，Cronbach's α 系数介于 0.8 和 0.9 被认为非常好，介于 0.7 和 0.8 被认为比较好。

表 4 – 4 各构念和总体信度分析

构念	维度	Cronbach's α 系数
总体信度		0.971
冷链创新	技术创新	0.878
	流程创新	0.842
	产品创新	0.929
冷链能力	信息交流	0.910
	响应性	0.886
	协调	0.854
	活动整合	0.882
风险管理能力	稳健性	0.890
	弹性	0.861

本书运用 SPSS24.0 软件对量表进行信度分析，结果如表 4 – 4 所示，各潜在变量的 Cronbach's α 系数均大于 0.7，并且问卷的总体系数为 0.971，符合检验标准，显示了较好的内部一致性信度。

4.3 确定性因子分析

确定性因子分析是在探索性因子分析的基础上进行的，当已经找到可测变量可能被哪些潜在因子影响，而进一步明确每一个潜在因子对可测变量的影响程度，以及这些潜在因子之间的关联程度时，则可进行确定性因子分析（武松和潘发明，2014）。探索性因子分析（EFA）用于探索因子与测量项之间的对应关系，而确定性因子分析（CFA）则用于验证因子与测量项之间的对应关系。确定性因子分析属于 SEM 的一种次模型，为 SEM 分析的一种特殊应用（吴明隆，2010）。它是进行整合性 SEM 分析的一个前置步骤或基础架构，当然，它也可以独立进行分析估计（周子敬，2006）。通过观察因子载荷量，也就是潜在变量到测量变量的标准化回归系数，明确潜在变量对测量变量的相关关系，一般来说，相关显著且因子载荷量保持在 0.5 以上（Bagozzi & Yi，1988），则说明潜在变量和测量变量有着较强的相关关系。同时，通过因子载荷量计算 CR 和 AVE 值，还可以对测量模型的聚合效度进行验证。聚合效度（convergent validity）是指测量相同潜在特质题项或测验落在同一因素构面上，且题项或测验所测得的测量值之间具有高度的相关（吴明隆，2010）。它强调本应该在同一因子下面的测量项，确实在同一因子下面。CR 值（construct reliability）是通过因子载荷量计算的表示内部一致性信度质量的指标值，可以

通过公式 $CR = \dfrac{(\sum \lambda)^2}{[(\sum \lambda)^2 + \sum \theta]}$ 计算所得，其中 λ 表示因子载

荷量，θ 表示测量误差。AVE（average variance extracted）是通过因子载荷量计算的表示收敛效度的指标值，可以通过公式 $AVE =$

$\dfrac{(\sum \lambda^2)}{[(\sum \lambda^2) + \sum \theta]}$ 计算所得，其中，λ 表示因子载荷量，θ 表示

测量误差。通常，AVE 值 >0.5，CR 值 >0.6，说明数据聚合效度较好。本节通过 Amos21.0 将潜在变量与对应题项绘制测量模型，然后通过数据拟合，查看模型的拟合质量，如果模型拟合质量好，说明测量模型绘制的潜在变量与题项的关系通过数据验证。

　　由于本研究数据均来源于自我报告，测量中可能存在共同方

法偏差，因此，在进行确定性因子分析的同时，本节采用控制未测方法潜因子法（ULMC）进行共同方法偏差（common method bias）检验，在确定性因子分析模型的基础上，将共同方法偏差作为一个潜在变量加入模型，比较两个模型各项拟合指数的变化，如果变化不大，通常 RMSEA 和 SRMR 变化不超过 0.05，CFI 和 TLI 变化不超过 0.1，即可证明无明显共同方法偏差（刘斯漫等，2015）。确定性因子分析结果见表 4－5。加入共同方法因子的确定性因子分析模型如图 4－1 所示。

表 4－5　　　　　　　　　确定性因子分析结果

变量	测量题项	因子载荷	P	组合信度（CR）	平均变异萃取量（AVE）
技术创新	ti1	0.679	***	0.881	0.600
	ti2	0.676	***		
	ti3	0.846	***		
	ti4	0.865	***		
	ti5	0.786	***		
流程创新	pci1	0.729	***	0.843	0.518
	pci2	0.726	***		
	pci3	0.748	***		
	pci4	0.693	***		
	pci5	0.700	***		
产品创新	pdi1	0.887	***	0.930	0.725
	pdi2	0.842	***		
	pdi3	0.826	***		
	pdi4	0.834	***		
	pdi5	0.867	***		

续表

变量	测量题项	因子载荷	P	组合信度 （CR）	平均变异萃取量 （AVE）
信息交换	ie1	0.756	***	0.911	0.673
	ie2	0.764	***		
	ie3	0.854	***		
	ie4	0.841	***		
	ie5	0.879	***		
响应性	re1	0.715	***	0.880	0.595
	re2	0.769	***		
	re3	0.820	***		
	re4	0.775	***		
	re5	0.775	***		
协调	co1	0.781	***	0.848	0.527
	co2	0.748	***		
	co3	0.754	***		
	co4	0.688	***		
	co5	0.703	***		
活动整合	ai1	0.745	***	0.855	0.541
	ai2	0.805	***		
	ai3	0.740	***		
	ai4	0.796	***		
	ai5	0.795	***		
稳健性	ro1	0.768	***	0.890	0.619
	ro2	0.804	***		
	ro3	0.793	***		
	ro4	0.813	***		
	ro5	0.754	***		

续表

变量	测量题项	因子载荷	P	组合信度 （CR）	平均变异萃取量 （AVE）
弹性	res1	0.742	***	0.862	0.556
	res2	0.753	***		
	res3	0.733	***		
	res4	0.714	***		
	res5	0.784	***		
CFA	CMIN/df = 2.260，CFI = 0.929，TLI = 0.923，RMSEA = 0.050，SRMR = 0.048				
CMB	CMIN/df = 2.057，CFI = 0.943，TLI = 0.935，RMSEA = 0.045，SRMR = 0.032				
Δ	ΔCMIN/df = 0.203，ΔCFI = 0.014，ΔTLI = 0.012，ΔRMSEA = 0.005，ΔSRMR = 0.016				

根据分析结果可知，各因子载荷量都显著且在 0.5 以上，表明潜在变量对测量变量具有足够的解释力，相关关系得到验证；AVE 值全部均大于 0.5，而且 CR 值全部均大于 0.7，因而说明本次测量量表数据具有优秀的聚合效度；CFA 模型拟合结果显示，CMIN/DF < 3，CFI，TLI 都大于 0.9，RMSEA = 0.050 在 0.5~0.8 的合理拟合范围，SRMR = 0.048 < 0.05，各指标均表现良好，说明确定性因子分析模型与数据的拟合度良好；而加入共同方法因子的 CFA 模型，各拟合指标变化都不大，说明不存在明显的共同方法偏差。

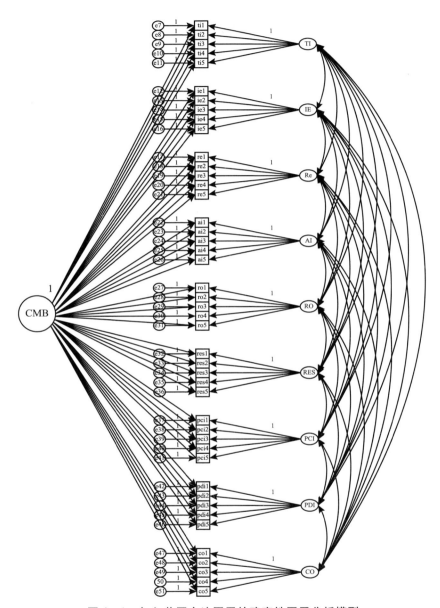

图 4 – 1　加入共同方法因子的确定性因子分析模型

4.4　相关性分析

相关性分析可以用来验证两个变量间的线性关系，根据相关系数 r 可以判断两个变量是否呈线性关系、线性关系的强弱，以及是正相关还是负相关。一般情况下，我们通过 P 值和相关系数来判断两两变量间的相关关系。P 值，也就是 Sig 值或显著性值，如果 P 值小于 0.01 即说明某件事情的发生至少有 99% 的把握，如果 P 值小于 0.05（并且大于 0.01）则说明某件事情的发生至少有 95% 的把握。当 P < 0.01 或 P < 0.05，则说明水平显著。相关系数是研究变量之间线性相关程度的量，用于说明两个变量之间是否存在相关关系，以及相关关系的紧密程度，分为 pearson 相关系数、Spearman 相关系数。相关系数在 −1 ~ +1 范围内变动，其绝对值越接近 1，两个变量间的直线相关越密切，越接近 0，相关越不密切。相关系数若为正，说明一变量随另一变量增减而增减，方向相同；若为负，表示一变量增加、另一变量减少，即方向相反，但它不能表达直线以外（如各种曲线）的关系。一般相关系数在 0 ~ 0.3 表示相关程度低，相关系数在 0.3 ~ 0.5 表示相关程度普通，相关系数在 0.5 ~ 0.7 表示相关程度显著，相关系数在 0.7 ~ 0.9 表示相关程度高，相关系数在 0.9 ~ 1.0 表示相关程度极高。通过表 4 − 7 可知，本节的 9 个变量都具有显著的正相关关系，其中，RE 和 RES 的相关性最强，TI 和 PCI 的相关性最弱。

表 4 - 6

相关性分析

Variable	Means	SD	TI	PCI	PDI	IE	RE	CO	AI	RO	RES
TI	4.11	0.77	1								
PCI	4.27	0.62	0.230**	1							
PDI	3.99	0.93	0.662**	0.423**	1						
IE	3.98	0.82	0.602**	0.402**	0.699**	1					
RE	3.98	0.77	0.574**	0.449**	0.744**	0.692**	1				
CO	3.90	0.77	0.516**	0.408**	0.694**	0.646**	0.635**	1			
AI	3.95	0.81	0.539**	0.298**	0.688**	0.556**	0.575**	0.613**	1		
RO	3.90	0.83	0.613**	0.441**	0.717**	0.680**	0.685**	0.721**	0.631**	1	
RES	3.89	0.79	0.593**	0.355**	0.761**	0.691**	0.704**	0.674**	0.649**	0.625**	1

注: 1. **. 表示相关性在 0.01 水平 (双侧) 上显著。

2. TI = Technological Innovation, PCI = Process Innovation, PDI = Product Innovation, IE = Information Exchange, RE = Responsiveness, CO = Coordination, AI = Activity Integration, RO = Robustness, RES = Resilience.

3. SD = Standard Deviations.

4.5　结构方程模型分析

4.5.1　模型适配度检验

为保证模型与数据的适配性，检验模型的拟合度非常有必要。拟合指数是拟合优度统计量（goodness of fit statistic）的简称，是人们从某一角度构造出来，用于反映模型拟合好坏的统计量（温忠麟，2012）。当我们讨论模型的适配，指的是假设的理论模型与实际数据的一致性程度（吴明隆，2010）。根据 Amos21.0 运算的结果显示，模型整体适配的卡方值是显著的，这与本模型使用的样本量有关，样本数较大时，往往造成卡方值变大，卡方值也更容易达到显著（吴明隆，2010）。里格登（Rigdon，1955）认为，使用真实世界的数据来评价理论模型时，χ^2 统计通常实质帮助不大，因为 χ^2 值受估计参数及样本数影响很大。因此，通常只是将卡方值作为一般的指数进行报告，并报告卡方与其自由度的比值 χ^2/df（温忠麟，2012）。在 Amos 报表中，卡方自由度比值的数据值为 CMIN/DF，一般认为若是此值小于 1 表示模型过度适配，若是大于 3（较宽松值为 5）则表示模型适配不佳，若其值介于 1~3 则表示模型适配良好，即假设模型（hypothetical model）与样本数据（sample data）的契合度可以接受。朱里斯考克和索博姆（Joreskog & Sorbom，1993）指出 GFI 大于 0.9 表示模型拟合得好，在 0.7~0.9 表示模型基本可以接受。斯泰格（Steiger，1990）指出近似误差均方根（RMSEA）低于 0.1 表示模型具有好的拟合；当低于 0.05

则表示非常好的拟合；低于 0.01 代表模型拟合情况非常出色。

本节构建的结构方程模型的拟合指标中，卡方值与自由度比值为 2.328，小于 3，说明理论模型与样本数据的适配度是契合的。另外，RMSEA 值为 0.051，明显小于 0.8，CFI、TLI 均大于 0.9，其余检验指数也都达到了可接受的适配标准，意味着数据与模型整体拟合情况较好，可以使用该模型进行路径估计和假设验证，具体结果见表 4 - 7。

表 4 - 7 模型整体适配度检验

配适指标	判断值	实证数据	结论
绝对拟合指数			
χ	显著性概率	2132. 851（p = 0. 000）	
GFI	> 0.9（良好拟合） 0. 8 ~ 0. 89（合理拟合）	0. 851	符合
RMR	< 0. 05	0. 043	符合
RMSEA	≤0. 05（精确拟合） 0. 05 ~ 0. 08（合理拟合） 0. 08 ~ 0. 10（拟合不好） > 0. 10（拟合很差）	0. 051	合理拟合
相对拟合指数			
TLI	> 0. 9	0. 919	符合
NFI	> 0. 8	0. 875	符合
IFI	> 0. 9	0. 925	符合
CFI	> 0. 9	0. 925	符合
简约拟合指数			
PNFI	> 0. 50	0. 810	符合
NC 值（χ 自由度比值）	1 < NC < 3	2. 328	符合

注：绝对拟合指数、相对拟合指数与简约拟合指数的检验结果根据 Amos21. 0 软件运算整理所得。

4.5.2　研究假设验证

在前面章节，通过了测量模型的信度、效度检验，进行了相关性分析，结构模型的整体适配度也表现良好，接下来本节进一步运用 Amos21.0 对结构模型的路径关系进行分析，以明确冷链创新、冷链能力和风险管理能力具体的影响机制。

本节将冷链创新作为资源基础，具体划分为冷链技术创新、冷链流程创新和冷链产品创新三个维度，它们通过对中介变量冷链能力（信息交流，响应性，协调，活动整合）产生影响，进而对冷链风险管理能力（弹性，稳健性）产生促进作用，同时，冷链创新对风险管理能力也会有直接的促进作用。理论模型共包含 3 个自变量，4 个中介变量，2 个因变量，具体的分析结果如表 4-8 所示。

表 4-8　　　　　　　　　模型假设检验与路径系数

假设	路径	标准化路径系数	S. E.	C. R.	P	接受/拒绝
H1a	IE <--- TI	0.265	0.061	4.873	***	接受
H1b	RE <--- TI	0.147	0.055	2.905	0.004	接受
H1c	CO <--- TI	0.079	0.070	1.419	0.156	拒绝
H1d	AI <--- TI	0.09	0.074	1.576	0.115	拒绝
H1e	IE <--- PCI	0.133	0.042	3.314	***	接受
H1f	RE <--- PCI	0.17	0.039	4.339	***	接受
H1g	CO <--- PCI	0.134	0.049	3.111	0.002	接受
H1h	AI <--- PCI	− 0.022	0.051	− 0.499	0.618	拒绝
H1i	IE <--- PDI	0.523	0.046	8.525	***	接受

续表

假设	路径	标准化路径系数	S. E.	C. R.	P	接受/拒绝
H1j	RE <--- PDI	0.652	0.045	10.395	***	接受
H1k	CO <--- PDI	0.684	0.055	10.192	***	接受
H1l	AI <--- PDI	0.716	0.060	10.152	***	接受
H2a	RES <--- IE	0.201	0.063	3.657	***	接受
H2b	RO <--- IE	0.14	0.062	2.606	0.009	接受
H2c	RES <--- RE	0.221	0.081	3.199	0.001	接受
H2d	RO <--- RE	0.169	0.080	2.486	0.013	接受
H2e	RES <--- CO	0.149	0.062	2.486	0.013	接受
H2f	RO <--- CO	0.393	0.066	6.151	***	接受
H2g	RES <--- AI	0.126	0.052	2.423	0.015	接受
H2h	RO <--- AI	0.179	0.053	3.439	***	接受
H3a	RES <--- TI	0.004	0.065	0.077	0.939	拒绝
H3b	RO <--- TI	0.184	0.067	3.570	***	接受
H3c	RES <--- PCI	−0.069	0.047	−1.730	0.084	拒绝
H3d	RO <--- PCI	0.109	0.047	2.734	0.006	接受
H3e	RES <--- PDI	0.337	0.089	3.248	0.001	接受
H3f	RO <--- PDI	−0.094	0.088	−0.910	0.363	拒绝

注：根据 Amos21.0 软件运算整理所得。 $*p<0.05$， $**p<0.01$， $***p<0.001$.

根据 Amos21.0 的运算结果来看，在冷链创新对冷链能力的影响关系中，冷链技术创新对冷链信息交换能力和冷链响应能力的标准化路径系数分别为 0.265 和 0.147，显著性概率均在 $p<0.01$ 水平上显著，说明技术创新正向影响信息交换能力和响应能力，并且技术创新对信息交换能力的影响大于技术创新对响应能力的影响，假设 H1a 和假设 H1b 得到验证。这与大多数的研究发现是一致的，通过技术创新而使用新技术、工具、设备或系统，这些

先进的新技术、工具、设备或系统可以提高信息传输的速度、质量和数量，从而加快信息获取和信息交换的速度，确保相关和重要信息对相关各方的可用性和及时性（Tippins & Sohi，2003）。同时，人们普遍认为，拥有更大 IT 投资的组织往往更灵活地应对环境变化，信息技术可以帮助企业加快决策、促进沟通和快速响应不断变化的环境（Bi，2013）。冷链是一个全程需要保持在低温环境的特殊供应链，它的产品易腐易变质，通过技术创新保证全链的信息透明是非常有必要的。然而，冷链技术创新对协调能力和活动整合能力的影响并不显著，P 值分别为 0.156、0.115，都未达 0.05 的显著水平，假设 H1c 和假设 H1d 未获得支持：一方面这可能与调研对象的现状有关，中国的食品冷链正处于高速发展的初级阶段，通过技术创新引入的新技术、新设备或新系统主要用于对冷链食品的跟踪监控、信息收集等，运用先进信息技术的冷链物流管理体系还明显不足；另一方面，这也呼应了金等（2006）的研究结论，技术创新并不能直接促进协调，它需要通过企业间系统集成的调节，才会对企业间的协调产生积极的影响。

在冷链流程创新对冷链能力的影响关系中，流程创新对信息交换能力、响应能力和协调能力的标准化路径系数分别为 0.133、0.170 和 0.134，显著性概率均在 $p < 0.01$ 水平上显著，这说明流程创新正向影响信息交换能力、响应能力和协调能力，并且流程创新对响应能力影响最大，其次是协调能力，对信息交换能力影响最小，假设 H1e、假设 H1f、假设 H1g 得到验证。然而，流程创新在对活动整合能力的促进作用并没有得到验证，其显著性概率 $p = 0.618 > 0.05$，未达到 0.05 的显著水平，假设 H1h 未获得支持，也就是说流程创新并不直接促进企业间的活动整合。流程创新涉及质量功能的部署和业务流程的重新设计（Cohen & Levin，1989），它改变了组织成员之间的关系，影响规则、角色、程序和结构、组织成员之间以及这些成员与环境之间的沟通和交流（Walker，2014），持续的流程创新需要不断打破既有的稳定流程，实现组织结构和业务流程的不断更新和改进，在这个过程中难免会引起部门间的冲突（Ettlie & Reza，1992）或出现某些异化（尚旭东和叶云，2020），而抵消了流程创新对活动整合的影响作用。因此，在采用流程创新时，需要同时使用外部和内部资源整合机制才能取得成功。

在冷链产品创新对冷链能力的影响关系中，产品创新对信息交换能力、响应能力、协调能力和活动整合能力的标准化路径系数分别为 0.523、0.473/652、0.563/684、0.608/716，显著性概率均达到 0.05 的显著水平，假设 H1i、假设 H1j、假设 H1k 和假设 H1l 均得到了验证。产品创新一直被认为是价值创造的主要驱动力之一（Visnjic et al.，2014），虽然，要从产品创新中创造和获取价值，往往需要补充性的"售后服务"（Teece，1986）。

在冷链能力对冷链风险管理能力的影响关系中，信息交换能力、响应能力、协调能力和活动整合能力对冷链弹性的标准化路径系数分别为 0.201、0.221、0.149、0.126，显著性概率均达到 0.05 的显著水平，这表示信息交换能力、响应能力、协调能力和活动整合能力都正向影响冷链弹性，并且响应能力对弹性的影响最大，其次是信息交换能力和协调能力，活动整合能力对弹性的影响最小。假设 H2a、假设 H2c、假设 H2e 和假设 H2g 得到了验证。同时，信息交换能力、响应能力、协调能力和活动整合能力对冷链稳健性的标准化路径系数分别为 0.140、0.169、0.393、

0.179，显著性概率均达到 0.05 的显著水平，说明信息交换能力、响应能力、协调能力和活动整合能力都正向影响冷链稳健性，并且协调能力对稳健性的影响最大，其次是响应能力和活动整合能力，信息交换能力对稳健性的影响最小。假设 H2b、假设 H2d、假设 H2f 和假设 H2h 也得到验证。克里斯托弗（2004）指出，获得供应链弹性的有效方式是创造能迅速响应状态变化的网络，本节的研究结果对此做出了回应：具有更高水平响应能力的冷链能更快速的从中断中恢复，并且更高水平的协调能力的冷链能更有效地抵御风险，避免中断发生。供应链成员之间采取协调一致的方法来识别潜在的风险来源并实施适当的策略，可以减少供应链的脆弱性（Christopher et al.，2003）。作为围绕破坏性事件进行调整，整合和重新配置资源和能力的风险管理能力，是建立在冷链能力基础上的高阶能力，也就是说，冷链能力是冷链弹性和稳健性构建的前提条件。

我们同时还分析了冷链创新对风险管理能力的直接影响关系，其中，技术创新对弹性的显著性概率 $p = 0.939 > 0.05$，未达到 0.05 的显著水平，假设 H3a 未获得支持；流程创新对弹性的显著性概率 $p = 0.084 > 0.05$，未达到 0.05 的显著水平，假设 H3c 未获得支持；产品创新对弹性的标准化路径系数为 0.337，显著性概率达到 0.05 的显著水平，假设 H3e 得到验证。而在对稳健性的影响路径中，技术创新和流程创新对稳健性的标准化路径系数分别 0.184、0.109，显著性概率均在 $p < 0.01$ 水平上显著，假设 H3b 和假设 H3d 得到验证。产品创新对稳健性的显著性概率 $p = 0.363 > 0.05$，未达到 0.05 的显著水平，假设 H3f 未获得支持。三种创新类型对弹性和稳健性的影响得到了截然相反的结果，究其原

因：技术创新和流程创新需要投入大量的资金和人力，并且回报
周期长；而产品创新需要的成本较少，难度较低，特别是在以物
流企业为主的冷链领域，更倾向于通过简单快捷的新服务引入响
应突然发生的重大风险事件，快速调整并恢复冷链的正常运转，
提升冷链的弹性能力。因此，产品创新对弹性的形成表现更为显
著，而稳健性作为一种主动策略（Colicchia & Strozzi，2012）
积极主动地通过技术创新和流程创新形成稳健的冷链体系，充
分做好事前准备，提高风险发生后应对风险的准备水平
（Kleindorfer & Saad，2005），可以更有效地应对日常中的"高
概率低风险"事件，因此，技术创新和流程创新可以更直接地
促进稳健性的形成。

4.6 中介效应分析

通过结构方程的构建与拟合，得到冷链创新、冷链能力和冷
链风险管理能力相关关系直接的路径作用效果，接着，需要对冷
链能力四个维度的中介效应进行验证。相比于一般的直接分析，
中介效应分析更加侧重于探究自变量影响因变量的作用机制和路
径（温忠麟等，2014），往往能得到更多更深入的结果。

当自变量 X 通过影响变量 M 来影响因变量 Y，M 便为中介变量，
它在 X 影响 Y 的关系中起中介作用。简单的中介模型如图 4 - 2 所
示，图中 c 为自变量 X 对因变量 Y 的总效应，c' 为控制了中介变
量 M 的影响后，自变量 X 对因变量 Y 的直接效应，a 为自变量 X
对中介变量 M 的效应，b 是在控制了自变量 X 的影响后，中介变

量 M 对因变量 Y 的效应。

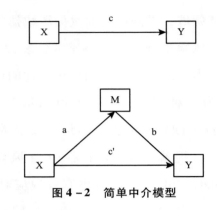

图 4 – 2　简单中介模型

目前常用的中介效应分析方法大致有以下三种。

（1）逐步法。因为操作简单，巴伦和肯尼（Baron & Kenny，1986）提出的逐步法是最常用的中介效应分析方法，但是该方法检验力比较低，在对中介效应检验的核心——系数乘积的检验上往往会出现偏差，比如系数乘积实际上显著而依次检验比较容易得出不显著的结论（温忠麟等，2014），因此逐步法受到几乎是一边倒的批评和质疑（Edwards & Lambert，2007；Hayes，2009；Zhao et al.，2010）。

（2）Sobel 法。Sobel 法（1982）是一种比较有名的中介效应分析方法，它的检验力高于逐步法（MacKinnon et al.，2004；温忠麟等，2004）。Sobel 法是直接针对假设 H0：ab = 0 提出的一种检验方法，但这个检验统计量的推导需要假设服从正态分布，因而标准误差的计算只是近似的，结果可能很不准确。而且 Sobel 检验需要大样本，它在小样本的表现并不好这样（方杰等，2014），因而 Sobel 检验的局限性是很明显的（方杰，张敏强，2012；

Hayes，2009）。

（3）Bootstrap 法。Bootstrap 法是由美国斯坦福大学统计学教授埃夫隆（Efron，1977）提出的一种重复抽样方法。Bootstrap 法有多种取样方案，其中一种简单的方案是从给定的样本中有放回地重复取样以产生出许多样本，即将原始样本当作 Bootstrap 总体，从这个 Bootstrap 总体中重复取样以得到类似于原始样本的 Bootstrap 样本（Wen，Marsh，Hau，2010）。其实质是模拟了从总体中随机抽取大量样本的过程。常用的 Bootstrap 方法包括非参数百分位 Bootstrap 法和偏差校正的非参数百分位 Bootstrap 法。非参数百分位 Bootstrap 法检验力高于 Sobel 检验法（Fritz & MacKinnon，2007；MacKinnon et al.，2004），而偏差校正的非参数百分位 Bootstrap 法检验力优于非参数百分位 Bootstrap 法（Edwards & Lambert，2007；方杰，张敏强，2012；Fritz & MacKinnon，Preacher & Hayes，2008；温忠麟等，2012）。Bootstrap 法的优点是不需要正态性假设，也不需要大样本，进行中介效应区间（如果不包括 0，表示中介效应显著）估计时更无须标准误差。到目前为止，Bootstrap 法已经成为公认的可以取代 Sobel 法而直接检验系数乘积的方法（温忠麟等，2014）。

根据方杰等（2014）的建议，建立结构方程模型（Structural Equation Model，SEM）进行多重中介分析，不仅可以同时处理显变量和潜变量，还可以同时分析多个自变量、多个因变量和多个中介变量的关系，并且将测量误差包含在模型中，增加了检验结果的可信性和理论的解释力。结合本研究 3 个自变量、2 个因变量和 4 个中介变量的理论模型，采用结构方程模型，使用 Bootstrap 法进行中介效应分析。具体的检验流程参考的是温忠麟和刘红

（2020）结合逐步法和 Bootstrap 法的基础上提出新的中介效应检验流程，如图 4-3 所示。

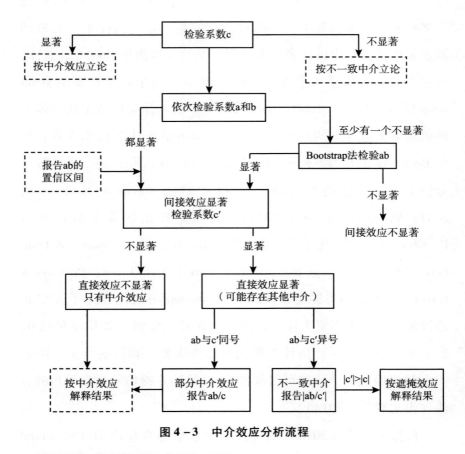

图 4-3　中介效应分析流程

资料来源：温忠麟和刘红（2020），P103.

当检验结果都显著时，逐步法结果强于 Sobel 检验结果（温忠麟，2004），所以在这个新流程中，先进行依次检验，不显著时，才进行 Sobel 检验，但现在，Sobel 法已经由 Bootstrap 法取代（温忠麟和刘红，2020）。根据检验流程步骤，先进行总效应 c 的显著性检验。结果见图 4 – 4。

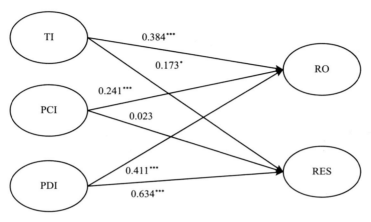

图 4 – 4　总效应系数与显著性

注：＊p＜0.05，＊＊p＜0.01，＊＊＊p＜0.001.

　　如果显著，按中介效应立论，否则按不一致中介效应立论。但无论是否显著，都进行后续检验（温忠麟，2014）。从结果上看，PCI 对 RES 的影响不显著。相当多的学者认为，自变量与因变量相关显著不应作为研究中介效应的先决条件（Frazier et al.，2004；Shrout & Bloger，2002，Zhao et al.，2010，温忠麟和叶宝娟，2014），直接效应与间接效应符号相反，相互抵消以致总效应往往不显著（温忠麟和刘红，2009），所以，即使总效应不显著，间接效应还是可能存在（温忠麟和叶宝娟，2014），我们有必要明确这种作用关系，因此，直接进入后面的检验流程。

　　通过前面的模型拟合检验已经证实了理论模型具有良好的适配度，因此我们直接使用 Amos 自带的 Bootstrap 进行中介效应分析。在 Amos 软件的分析属性（Analysis Properties）→Bootstrap 对话框就可以进行 Bootstrap 方法的设置。本节设置进行 5000 次抽样（至少 1000 次）、偏差校正的置信区间设置为 95%。通过 Amos 运算，如果平均间接效应的数值在上下线之间，且不包括 0，就说明中介效应成立（赵秋银和余升国，2020），每个自变量对因变量总的中介效应情况具体见表 4 – 9。

表 4 – 9　　　　　　　偏差校正 Bootstrap 总中介效应检验

路径		估值	低值	高值	结论
TI – RO	间接效应	0.141	0.009	0.287	有中介效应
	直接效应	0.238	0.075	0.395	
	总效应	0.379	0.216	0.557	
TI – RES	间接效应	0.140	0.032	0.271	有中介效应
	直接效应	0.005	− 0.124	0.149	
	总效应	0.145	− 0.019	0.329	
PCI – RO	间接效应	0.114	0.023	0.212	有中介效应
	直接效应	0.130	0.016	0.243	
	总效应	0.243	0.127	0.365	
PCI – RES	间接效应	0.096	0.030	0.181	有中介效应
	直接效应	− 0.082	− 0.188	0.018	
	总效应	0.015	− 0.100	0.124	
PDI – RO	间接效应	0.496	0.319	0.727	有中介效应
	直接效应	− 0.081	− 0.291	0.108	
	总效应	0.415	0.291	0.539	
PDI – RES	间接效应	0.376	0.253	0.538	有中介效应
	直接效应	0.288	0.128	0.469	
	总效应	0.664	0.537	0.810	

通过结论我们可以知道，冷链能力在整体上介导了冷链创新

对风险管理能力的影响作用。冷链的技术创新（TI）不仅直接正向影响冷链的稳健性（0.238），并且通过冷链能力间接正向影响稳健性（0.141），技术创新对弹性的构建没有直接的影响作用，但是可以通过冷链能力间接正向影响冷链弹性（0.140）。流程创新（TI）不仅直接正向影响冷链的稳健性（0.130），并且通过冷链能力间接正向影响稳健性（0.114），流程创新对弹性的构建没有直接的影响作用，但是可以通过冷链能力间接正向影响冷链弹性（0.096）。产品创新对稳健性的构建没有直接的促进作用，但通过冷链能力可以间接促进冷链稳健性的构成（0.496），而在对弹性的构建方面，产品创新不仅直接正向影响弹性（0.288），还通过冷链能力的中介作用间接影响弹性的构成（0.376）。

为了进一步明确不同冷链能力具体的中介作用，在计算出总的中介效应基础上，本节利用 Amos 的 user-defined estimand 功能，对理论模型中的每条路径进行命名后，通过语法编写，使用偏差校正的非参数百分位 Bootstrap 法对每一个中介变量的中介效果进行详细计算，并根据每条路径的效应值，计算出相应的效应量。由于统计显著性检验易受到样本容量大小的影响，许多统计显著的研究结果其效应量可能很小。报告适当的效应量将是研究报告需要考虑的方面。具体结果见表 4 – 10。

表 4 – 10　　　　偏差校正 Bootstrap 特定路径中介效应检验

序号	路径	点效应值	低值	高值	P 值	效应量（%）	结论
H4a	TI – IE – RO	0.048	0.011	0.109	0.013	12.66	部分中介
H4b	TI – RE – RO	0.032	0.005	0.087	0.017	8.44	部分中介

序号	路径	点效应值	低值	高值	P 值	效应量（%）	结论
H4c	TI – CO – RO	0.040	– 0.041	0.122	0.270	—	无中介效应
H4d	TI – AI – RO	0.021	– 0.010	0.080	0.162	—	无中介效应
H4e	TI – IE – RES	0.069	0.022	0.140	0.001	47.59	只有中介
H4f	TI – RE – RES	0.042	0.005	0.116	0.017	28.97	只有中介
H4g	TI – CO – RES	0.015	– 0.009	0.067	0.187	—	无中介效应
H4h	TI – AI – RES	0.015	– 0.005	0.068	0.178	—	无中介效应
H4i	PCI – IE – RO	0.022	0.004	0.058	0.015	9.05	部分中介
H4j	PCI – RE – RO	0.034	0.008	0.083	0.009	13.99	部分中介
H4k	PCI – CO – RO	0.062	0.010	0.125	0.024	25.51	部分中介
H4l	PCI – AI – RO	– 0.005	– 0.037	0.015	0.589	—	无中介效应
H4m	PCI – IE – RES	0.032	0.008	0.069	0.007	33.33	只有中介
H4n	PCI – RE – RES	0.044	0.014	0.098	0.003	45.83	只有中介
H4o	PCI – CO – RES	0.024	0.002	0.066	0.026	25.00	只有中介
H4p	PCI – AI – RES	– 0.003	– 0.026	0.011	0.499	—	无中介效应
H4q	PDI – IE – RO	0.063	0.010	0.128	0.022	15.18	部分中介
H4r	PDI – RE – RO	0.094	0.018	0.192	0.015	22.65	部分中介
H4s	PDI – CO – RO	0.229	0.128	0.369	0.001	55.18	部分中介
H4t	PDI – AI – RO	0.110	0.039	0.205	0.001	26.51	部分中介
H4u	PDI – IE – RES	0.089	0.036	0.157	0.001	13.40	只有中介
H4v	PDI – RE – RES	0.123	0.046	0.212	0.004	18.52	只有中介
H4w	PDI – CO – RES	0.087	0.009	0.178	0.028	13.10	只有中介
H4x	PDI – AI – RES	0.077	0.010	0.154	0.030	11.60	只有中介

因为完全中介的情况是很少的（Baron & Kenny，1986；Iacobucci，2008），而且，完全中介的说法排除了将来探索其他中介的可能性（Pituch，Whittaker，Stapleton；2005）。因此，根据温忠麟

和刘红的建议,我们在报告时使用"只有中介"代替"完全中介"的概念。同样,根据在 95% 置信区间,间接效应的数值是否在上下线之间和是否包括 0,对中介效应进行判断,结合表 4 - 10 和表 4 - 11 可知:

在 TI→RO 的影响关系中,IE 和 RE 点效应值分别为 0.048 和 0.032,在相应的置信区间内并且不包含 0,P 值都小于 0.05,说明 IE 和 RE 的中介效应显著,假设 H4a 和 H4b 得到支持。同时,TI 对 RO 有显著的直接影响(0.238),说明 IE 和 RE 在 TI→RO 的路径关系中发挥部分中介作用,分别解释 12.66% 和 8.44% 的中介效应。这说明技术创新不仅直接促进冷链稳健性的形成,还通过信息交换能力和响应能力进一步影响稳健性,并且,通过信息交换的中介效应更强。而 CO 和 AI 的置信区间包含 0,说明 CO 和 AI 在 TI→RO 的路径关系中不存在中介效应,假设 H4c 和假设 H4d 没有得到支持。

在 TI→RES 影响关系中,IE 和 RE 的点效应值分别为 0.069 和 0.042,在相应的置信区间内并且不包含 0,P 值都小于 0.05,说明 IE 和 RE 的中介效应显著,假设 H4e 和 H4f 得到支持。同时,TI 对 REC 的直接影响不显著,说明 TI 对 RE 的影响只能通过 IE 和 RE 的介导,其中,IE 的中介效应占比 47.59%,RE 的中介效应占比 28.97%。这表明技术创新虽然不能直接对弹性产生积极的影响作用,但可以通过对 IE 和 RE 的影响,间接促进冷链弹性的形成。而 CO 和 AI 的置信区间包含 0,说明 CO 和 AI 在 TI→RES 的路径关系中不存在中介效应,假设 H4g 和假设 H4h 未获得支持。

在 PCI→RO 影响关系中,IE、RE 和 CO 的点效应值分别为 0.022、0.034 和 0.062,在相应的置信区间内并且不包含 0,P 值都小于 0.05，说明 IE、RE 和 CO 存在显著的中介效应，假设 H4i、假设 H4j 和假设 H4k 得到支持。同时，PCI 对 RO 有显著的直接效应（0.130），说明 IE、RE 和 CO 在 PCI→RO 的路径关系中发挥部分中介作用，分别解释 9.05%，13.99% 和 25.51% 的中介效应。这说明流程创新不仅直接促进冷链稳健性的形成，还通过 IE、RE 和 CO 进一步影响稳健性，并且，通过 CO 的中介效应更强。而 AI 的置信区间包含 0，说明 AI 在 PCI→RO 的路径关系中不存在中介效应，假设 H4l 未获得支持。

在 PCI→RES 影响关系中，IE、RE 和 CO 的点效应值分别为 0.032、0.044 和 0.024，在相应的置信区间内并且不包含 0，P 值都小于 0.05，说明 IE、RE 和 CO 存在显著的中介效应，假设 H4m、假设 H4n 和假设 H4o 得到支持。同时，PCI 对 RES 的直接效应不显著，说明 PCI 对 RES 的影响只能通过 IE、RE 和 CO 的介导，其中，IE 的中介效应占比 33.33%，RE 的中介效应占比 45.83%。CO 的中介效应占比 25.00%，这表明流程创新虽然对弹性没有直接的正向影响，但通过对 IE、RE 和 CO，可以间接促进冷链弹性的形成。而 AI 的置信区间包含 0，说明 AI 在 PCI→RES 的路径关系中不存在中介效应，假设 H4p 未获得支持。

在 PDI→RO 的影响关系中，IE、RE、CO 和 AI 的点效应值分别为 0.063、0.094、0.229、0.110，在相应的置信区间内并且不包含 0，P 值都小于 0.05，说明 IE、RE、CO 和 AI 存在显著的中介效应，假设 H4q、假设 H4r、假设 H4s 和假设 H4t 得到支持。同时，PDI 对 RO 的直接效应不显著，说明 PDI 对 RO 的影响只能通过 IE、RE、CO 和 AI 介导，其中，IE 的中介效应占比 15.18%，RE 的中介效应占比 22.65%，CO 的中介效应占比 55.18%，AI 的中介效应占比 26.51%，这表明产品创新虽然对稳健性没有直接的正向影响，但通过对 IE、RE、CO 和 AI，可以间接促进冷链稳健性的形成，并且，通过 CO 的介导作用最明显。

在 PDI→RES 的影响关系中，IE、RE、CO 和 AI 的点效应值分别为 0.089、0.123、0.087、0.077，在相应的置信区间内并且不包含 0，P 值都小于 0.05，说明 IE、RE、CO 和 AI 存在显著的中介效应，假设 H4u、假设 H4v、假设 H4w 和假设 H4x 得到支持。同时，PDI 对 RES 有显著的直接效应（0.288），说明 IE、RE、CO 和 AI 在 PDI→RES 的路径关系中发挥部分中介作用，分别解释 3.40%、18.52%、13.10%、11.60% 的中介效应。这说明产品创新不仅直接促进冷链弹性的形成，还通过 IE、RE、CO 和 AI 进一步影响弹性，并且，通过 CO 的中介效应更强。

4.7　多群组分析

自梅里兹（Melitz，2003）提出异质企业贸易理论后，企业异质性便被引入了主流经济学的分析框架。本节从企业的异质性出发，为了区分不同企业规模和不同企业性质的冷链企业采用冷链创新策略对风险管理能力形成的差异，在前面章节实证分析的基础上，使用多群组结构方程模型方法检验并分析不同规模和不同企业性质等特征变量对冷链创新、冷链能力和冷链风险管理能力之间影响关系的调节作用，使用 Amos21.0 软件的多群组分析功能对多群结构方程模型进行拟合，并对结构方程路径系数的异同进行分析。

多群组结构方程模型的构建与检验目的在于探究适配于某一个群体的路径模型图是否也适合于其他群体。该模型的研究方法重点在于评估不同群体对于同一个模型的适配情况，也就是说，需要评估研究者所提出的理论模型在不一样的群体之间是否相等，以证明参数是否具有不变性，其中，不同样本群体的变量属性就可以被称为间断变量。从而，研究者可以通过验证不同的模型是否拟合度通过检验，以及变量间关系路径的变化情况，来分析这个间断变量对于所提出模型的调节效应，如果多群组结构方程模型分析提出的假设模型通过检验，这说明假设可被接受，这个间断变量对原假设模型存在一定的调节效应。

综合来说，多群组结构方程模型分析的原则在于，将原先单一样本的共变结构拆分为多个平行共变结构，从而评估不同群体间同一作用路径的差异性。基于此，本研究具体利用 Amos21.0 软件，通过设定多个平行共变结构，对不同企业规模和不同行业特性群体的风险管理能力提升路径进行检验，以明确不同特征变量下，食品冷链创新类型对稳健性和弹性的促进作用是否会发生变化。

4.7.1 基于企业规模特征的多群组分析

以企业员工人数（n = 1000）为划分标准，我们将以调查对象为代表的冷链企业划分为中小型企业和大型企业，分别对"中小型企业"群体模型和"大型企业"群体模型进行参数和路径系数标签以示区分，运行 Amos，具体的路径系数如表 4 - 11 所示。

表 4 – 11 不同企业规模的比较分析结果

路径			大型		中小型	
			标准化路径系数	P 值	标准化路径系数	P 值
IE	<---	TI	0.315	***	– 0.011	0.753
RE	<---	TI	0.201	***	– 0.079	0.926
CO	<---	TI	0.111	0.078	0.548	0.539
AI	<---	TI	– 0.07	0.272	0.274	***
IE	<---	PCI	0.094	0.016	0.093	0.089
RE	<---	PCI	0.194	***	0.006	0.488
CO	<---	PCI	0.153	***	– 0.513	0.971
AI	<---	PCI	0.054	0.216	0.228	***
IE	<---	PDI	0.534	***	0.557	0.149
RE	<---	PDI	0.613	***	0.566	***
CO	<---	PDI	0.656	***	0.68	0.003
AI	<---	PDI	0.841	***	0.414	***
RES	<---	IE	0.133	0.026	– 0.172	***
RO	<---	IE	0.138	0.013	– 0.036	0.092
RES	<---	RE	0.243	0.002	0.745	0.79
RO	<---	RE	– 0.144	0.027	– 0.072	***
RES	<---	CO	0.213	***	0.187	0.599
RO	<---	CO	0.328	***	0.341	0.104
RES	<---	AI	0.053	0.398	0.152	0.016
RO	<---	AI	0.032	0.543	– 0.008	0.163
RES	<---	TI	0.06	***	0.183	0.867
RO	<---	TI	0.157	***	– 0.074	***
RES	<---	PCI	– 0.062	0.129	– 0.048	0.646
RO	<---	PCI	0.153	***	0.004	0.698
RO	<---	PDI	0.375	***	0.483	0.928
RES	<---	PDI	0.33	0.006	– 0.011	0.04

注：＊P < 0.05，＊＊P < 0.01，＊＊＊P < 0.001。

　　从分析结果很容易看出，大型冷链企业通过冷链创新对冷链能力和风险管理能力的影响效果明显优于中小型企业，这与李正卫等（2003）的研究结果是一致的。中小企业的生产经营压力依然巨大，融资困难，融资成本高，与大型企业相比，中小企业在融资、管理、研发等方面面临着更多的挑战（Cao et al.，2017）。这一发现印证了"熊彼特假说"（熊彼特，1979），规模较大的企业往往有大量的资金、人才支持，以及大企业的高平台优势，拥有更大的开展研发创新活动的积极性。研究结果表明，企业规模越大，冷链创新对冷链能力和风险管理能力的影响越显著。

4.7.2　基于企业性质特征的多群组分析

　　本节主要从民营企业和国有企业两个群体对冷链弹性和稳健性的形成差异进行比较分析，具体结果见表4–12。

表4–12　　　　　　　　　不同企业性质的比较分析结果

路径			国有		私营	
			标准化路径系数	P值	标准化路径系数	P值
IE	<---	TI	– 0.247	0.029	0.338	***
RE	<---	TI	– 0.32	0.011	0.213	***
CO	<---	TI	– 0.492	***	0.157	0.02
AI	<---	TI	– 0.534	***	0.23	***
IE	<---	PCI	0.6	0.001	0.109	0.022
RE	<---	PCI	0.5	0.011	0.149	0.001
CO	<---	PCI	0.285	0.138	0.217	***

路径			国有		私营	
			标准化路径系数	P 值	标准化路径系数	P 值
AI	<---	PCI	− 0. 214	0. 317	0. 055	0. 273
IE	<---	PDI	0. 217	0. 21	0. 491	***
RE	<---	PDI	0. 247	0. 19	0. 634	***
CO	<---	PDI	0. 374	0. 06	0. 559	***
AI	<---	PDI	0. 643	0. 007	0. 609	***
RES	<---	IE	0. 011	0. 948	0. 11	0. 095
RO	<---	IE	0. 383	0. 055	0. 089	0. 119
RES	<---	RE	0. 064	0. 669	0. 275	0. 003
RO	<---	RE	0. 395	0. 029	− 0. 113	0. 108
RES	<---	CO	0. 317	0. 044	0. 221	0. 003
RO	<---	CO	0. 653	***	0. 205	***
RES	<---	AI	0. 304	0. 042	0. 045	0. 525
RO	<---	AI	0. 021	0. 878	0. 245	***
RES	<---	TI	0. 029	0. 756	0. 055	***
RO	<---	TI	0. 319	***	0. 172	***
RES	<---	PCI	0. 006	0. 977	− 0. 081	0. 096
RO	<---	PCI	− 0. 506	0. 035	0. 142	0. 001
RO	<---	PDI	0. 067	0. 201	0. 331	***
RES	<---	PDI	0. 503	0. 019	0. 319	0. 01

注：$* P < 0.05$，$** P < 0.01$，$*** P < 0.001$。

从分析结果来看，由于私营企业和国有企业两者在制度环境、组织特征以及股权激励等方面明显不同，因此在创新活动对风险管理能力的形成机制上也存在明显差异。

第 5 章

结　　论

5.1　研究结论

一方面，企业需要通过不断创新取得竞争优势，保持可持续发展；另一方面，面对复杂多变的市场环境，各种不可预测事件的发生，供应链中断已成为威胁企业生存发展最主要的因素之一，特别是在异常复杂脆弱的冷链领域，构建一个稳健而又有弹性的冷链体系显得尤其重要。为了厘清不同的冷链创新类型对稳健性和弹性的影响关系，本书引入冷链能力作为中介变量，从信息交换能力、响应能力、协调能力、活动整合能力四个维度对冷链能力进行全面的衡量，并结合资源基础理论和动态能力理论，构建了本书的理论模型。通过问卷调查和结构方程模型的方法对构建的理论模型进行了实证研究，主要结论如下。

（1）分析了冷链创新三个维度对风险管理能力的影响关系。研究结果显示：技术创新和流程创新对稳健性有显著的正向影响，而对弹性的影响不显著；产品创新对弹性有显著的正向影响，而对稳健性的影响不显著。这是一个有趣的发现。进一步深入分析可以知道，技术创新和流程创新涉及技术研发和组织结构或业务流程的再造，往往需要投入大量的资金和人力，回报周期较长，因此在发生中大意外事件，也就是低概率高影响（LPHC）事件时，采取技术创新和流程创新对冷链中断的及时恢复并不能产生明显的作用；相反地，产品创新方便灵活，特别是在以物流企业为主的冷链领域，在冷链中断后通过及时通过新服务引入提供完美的问题解决方案，可以在很大程度上促进冷链弹性的提升，使得食品冷链可以快速恢复至正常水平甚至更高水平。而稳健性作为一种主动策略（Colicchia & Strozzi，2012）能够积极主动地通过技术创新和流程创新形成稳健的冷链体系，充分做好事前准备，提高风险发生后应对风险的准备水平（Kleindorfer & Saad，2005），可以更有效地应对日常中的"高概率低风险"事件，因此，技术创新和流程创新对稳健性的促进作用表现更为显著。

（2）实证分析了冷链创新三个维度对冷链能力四个维度的影响作用。首先，技术创新对 IE 和 RE 都有显著的正向影响，并且对信息交换能力的影响更大，但是对 CO 和 AI 的直接影响并不显著，技术创新的运用可以加快信息获取和信息交换的速度（Tippins & Sohi，2003），帮助企业快速决策，提高环境变化的响应能力（Bi et al.，2013），但并不能直接促进协调和活动整合，这与金等（2006）的发现是一致的，他们认为技术创新需要通企业间系统集成的调节，才会对企业间的协调产生积极的影响。其次，流程创新对 IE、RE、CO 都有显著的正向影响，并且对响应能力影响最大（0.171），其次是协调能力（0.153），对信息交换能力影响最小（0.138），但对 AI 的直接影响并不显著。流程创新需要对组织结构和业务流程进行重新设计或改进，不仅打破了既有的稳定流程，而且在更新或改进的过程中难免会引起部门间的冲突（Ettlie & Reza，1992）或出现某些异化（尚旭东和叶云，2020），从而抵消了流程创新对活动整合的影响作用。最后，产品创新对信息交换能力、响应能力、协调能力和活动整合能力都有显著的正向影响。消费者需求推动产品/服务创新（Danneels，2002），而农产品冷链物流的本质是安全和服务（张颖川，2018），产品创新对冷链能力的全面提升影响非常显著。

（3）验证了冷链能力各个维度对风险管理能力的促进作用。研究结果表明，冷链能力的四个维度（信息交换能力，响应能力，协调能力和活动整合能力）对风险管理能力两个维度（稳健性和弹性）都有显著的正向影响，这一结论呼应了绝大多数专家学者的观点（Zollo & Winter，2002；Winter，2003；Teece，2014，2016；Brusset & Teller，2017；Mandal et al.，2016）。以适应动荡多变的外部环境为目的的风险管理能力是一种动态能力，是建立在普通能力基础上的高阶能力。

（4）明确了冷链能力的中介效应。本书根据温忠麟和刘红（2020）的新中介效应分析流程，使用比 Sobel 法检验力更高的 Bootstrap 法，通过 Amos21.0 软件首先计算了冷链能力总的中介效应，结果显示冷链能力在技术创新、流程创新和产品创新对稳健性和弹性的构建上都有显著的中介作用。为了进一步明确不同冷链能力具体的中介作用，本书利用 Amos 的 User-defined estimand 功能，对理论模型中的每条路径进行命名后，通过语法编写，使用偏差校正的非参数百分位 Bootstrap 法对每一个中介变量的中介效果进行详细计算，并根据每条路径的效应值计算出相应的效应量，结果显示 IE 和 RE 介导了所有的冷链创新类型对冷链稳健性和弹性的影响作用，CO 介导了流程创新和产品创新对稳健性和弹性的影响作用，而 AI 只介导了产品创新对稳健性和弹性的影响作用。

（5）区分了不同企业规模和企业性质对风险管理能力形成机制的影响差异。根据梅里兹（2003）提出的异质企业贸易理论，本书考察了在不同企业规模和产权特性的背景下，不同的冷链创新类型是否对稳健性和弹性的构建产生影响，通过 Amos21.0 软件的多群组分析功能计算发现，大型冷链企业通过创新活动对冷链能力和风险管理能力的影响效果明显优于中小型企业，这符合"熊彼特假说"（熊彼特，1979），规模较大的企业往往拥有大量的资金、人才支持，以及大企业的高平台优势，拥有更大的开展研发创新活动的积极性，同时发现私营企业在通过创新增强冷链能力和风险管理能力表现上比国有企业更为活跃。

5.2　研　究　启　示

5.2.1　理论启示

（1）界定了冷链创新的定义和具体维度的划分，为冷链创新和供应链创新的深入研究提供了理论支持。目前，学术界对冷链创新的实证研究几乎是空白，而关于供应链创新的研究也多是理论分析，少数的实证分析也只是将供应链创新作为一个整体维度进行研究。本书通过对创新和供应链创新相关文献的梳理，首先，对冷链创新进行了概念界定，指出冷链创新是发生在冷链各个功能上，为实现冷链整体目标，增强利益相关者的价值创造而引入或改进新产品/服务、技术、流程等资源的过程。其次，综合已有对供应链创新的探讨，根据现有成熟的创新类型划分标准，根据高等（2016）和阿尔比约恩（2011）对供应链创新相关文献的梳理和总结，选取涵盖整个冷链的所有相关功能，并且各相关方都可接受的创新类型，将冷链创新细分为技术创新、流程创新、产品创新，深入分析了不同冷链创新对风险管理能力各维度的影响机制。

（2）将冷链能力作为中介变量引入，构建了资源—普通能力—动态能力的影响路径。已有的少量研究表明，供应链创新可以影响风险管理能力的形成，但是对于供应链创新如何影响风险管理能力的形成并没有得到深入的探讨。本书结合现有的理论基础，引入冷链能力作为中介变量，构建了从冷链创新到冷链能力到风险管理能力的影响路径，深入探讨了冷链创新各维度对风险管理能力各维度的具体影响机制，并计算了不同冷链能力的中介效应占比，为冷链创新和供应链创新对风险管理能力的关系研究进行了有益的拓展。

（3）同时引入稳健性和弹性，形成完整的风险管理能力体系。目前，与风险管理能力相关的实证研究大多着眼于一种风险管理能力的构建，特别是对围绕供应链中断后快速恢复的弹性得到了大量的关注，如前面章节所述。本书认为关注在供应链中断前的事前准备而最小化破坏影响的稳健性同样重要，两种风险管理能力分别应对不同的风险事件（高概率低影响事件和低概率高影响事件），构成一个完整的风险管理能力体系，同时对两种风险管理能力的影响机制进行探讨非常有必要。

（4）将企业特征变量纳入研究框架。本书基于异质企业贸易理论区分了不同企业规模和企业性质背景下，冷链创新类型对稳健性和弹性形成机制的影响差异，为企业根据其背景特征有针对性地选择创新策略提供了决策依据。

5.2.2 管理启示

对冷链创新和风险管理能力的深入研究，有助于冷链管理人员对冷链创新和风险管理能力的关系有更清晰的认识，找到创新与风险的平衡点，做出最优决策，在追求创新发展的同时，增强供应链的风险管理能力，有效应对意外中断。

（1）在冷链创新的三个维度中：技术创新和流程创新对稳健性有显著的正向影响，对弹性的影响不显著；产品创新对弹性有显著的正向影响，对稳健性的影响不显著。这揭示了冷链管理人员面对不同类型的风险事件时，需要采取不同的创新战略，有针对性地培养不同的风险管理能力，以有效应对冷链中断。针对高概率低影响风险事件，需要在日常管理中，侧重技术创新和流程创新的开发应用，比如通过真空预冷技术延长生鲜食品的保鲜期，优化冷链物流流程，提高流通效率等，强化冷链抗风险能力，增强冷链稳健性，为有效识别和最小化预期风险的影响，最大程度减少风险破坏做好充分准备。而在遭遇低概率高影响风险事件时，比如进口冷链食品检测出新冠病毒致使冷链意外中断时，采取产品创新战略，及时通过新服务引入提供问题解决方案，可以有效增强冷链弹性，促使食品冷链快速恢复正常运行。

（2）冷链能力在整体上介导了创新对风险管理能力的促进作用。也就是说供应链管理人员如果期望采取的创新战略对所有的风险管理能力都能产生积极的正向影响，可以通过冷链能力的介导来实现。具体来说，加强信息交换能力和提高响应能力，可以促进所有创新类型对稳健性和弹性的积极影响，这显示了信息交换能力和响应能力的重要性。管理人员应注重加强与冷链其他企业的交流沟通，合作过程中遵循商业规范和承诺，建立良好的信任机制以加强资源共享的深度和广度，加强资源共享平台建设，从源头到餐桌信息公开，透明可视，保证信息的有效传递。同时，通过冷链一体化信息平台的构建，广泛收集和处理冷链食品市场需求以及冷链食品生产、加工、流通等信息，加快信息交流的速度，更好、更快地了解和应对市场变化，对决策作出更好的响应。

（3）企业的特征变量显著影响冷链创新对风险管理能力的影响关系，因此，冷链管理人员要根据企业规模和企业性质等特征优化资源的配置，比如中小型企业因为资金、人力资源等限制，可以更多地采取产品/服务创新战略，通过增强冷链能力进而促进冷链的稳健性和弹性；同时，向政府寻求支持与补贴，比如对冷链物流配送车辆在各收费站给予优惠通行待遇等，以降低企业成本负担。

5.3　研究局限与展望

虽然经过了大量的文献梳理和相关分析，也有一定的创新，但本书在研究过程中仍发现一些不足，以期在未来进一步补充和完善。

　　首先，本书调查的对象是中国的食品冷链企业，虽然与中物联冷链委合作回收了可观数量的样本，但由于中国冷链整体发展失衡，调查对象主要集中在华东、华北、华中地区，中部和西部地区则较为短缺，这可能造成了研究结论带有一定的区域性。同时，虽然回收的样本包含不同的冷链企业，但分布并不均匀，部分少数企业类型占据主导地位，比如物流企业、中小型企业、民营企业，这可能导致狭隘的研究结论，使其不具有普适性，未来的研究需要在这方面进行完善。

　　其次，虽然将冷链创新细分为技术创新、流程创新、产品创新三个维度，但是对不同冷链创新类型的相互影响关系并没有深入研究，同样的，冷链能力各维度可能也存在不同的相关关系，这些都需要在未来进一步研究。

　　最后，本书只考虑了冷链能力作为中介变量，是否还有更多的中介因素介导了创新与风险管理能力的影响关系，值得进一步推敲。

附　　录

调查问卷

您好!

　　本问卷是针对中国食品冷链创新对风险管理能力的影响进行的调查,这是一份学术型研究问卷,目的是了解企业的冷链创新、竞争优势及风险管理等方面的信息。本次问卷采用匿名方式,您所提供的信息仅供学术研究之用,未经您和所在企业书面许可,绝不另作他用或对第三方披露,敬请安心填写。

　　您的回答并无对、错之分,希望根据贵企业的实际情况进行填写。您的热心参与将有助于本次研究的顺利完成,在此向您及所在企业表示诚挚的谢意!

　　填写说明:请根据您和所在企业的实际情况在包含数字的"○"中打"√"或在横线处填写信息。

　　※以下是关于食品冷链创新(cold chain innovation, CCI)方面的相关问题,请您根据企业的实际情况和真实想法,在对应的选项打上"√"。

　　1. 以下是关于冷链创新中技术创新(technological innovation, TI)的相关问题。

技术创新（TI）	完全不同意	一般完全		很同意	
TI1：我们追求可以集成冷链信息的尖端系统	①	②	③	④	⑤
TI2：我们追求实时跟踪冷链和渠道的技术	①	②	③	④	⑤
TI3：我们积极采用或开发用于冷链的新技术	①	②	③	④	⑤
TI4：我们积极加大冷链技术创新投入	①	②	③	④	⑤
TI5：我们积极酝酿制订冷链技术创新计划	①	②	③	④	⑤

2. 以下是关于冷链创新中流程创新（process innovation，PCI）的相关问题。

流程创新（PCI）	完全不同意	一般完全		很同意	
PCI1：我们在冷链流程中追求持续创新	①	②	③	④	⑤
PCI2：我们针对冷链中的变化实行敏捷响应的流程	①	②	③	④	⑤
PCI3：我们快速响应同行业中其他公司引入的新流程	①	②	③	④	⑤
PCI4：我们积极增强冷链流程的一致性	①	②	③	④	⑤
PCI5：我们积极建立冷链流程修改和改善机制	①	②	③	④	⑤

3. 以下是关于冷链创新中产品/服务创新（products/services innovation，PDI）的相关问题。

产品/服务创新（PDI）	完全不同意	一般完全		很同意	
PDI1：我们追求创新的冷链方法/服务	①	②	③	④	⑤
PDI2：我们积极开发新的冷链产品或服务	①	②	③	④	⑤
PDI3：我们的新产品/服务通常得到客户认可	①	②	③	④	⑤

续表

产品/服务创新（PDI）	完全不同意 一般完全 很同意				
PDI4：我们的产品/服务创新率是过去三年中最高的	①	②	③	④	⑤
PDI5：我们有相当高的利润是来自新开发的产品/服务	①	②	③	④	⑤

※以下是关于食品冷链能力（cold chain capabilities，CCC）方面的相关问题，请您根据企业的实际情况和真实想法，在对应的选项打上"√"。

4. 以下是关于冷链能力中信息交流（information exchange，IE）的相关问题。

信息交流（IE）	完全不同意 一般完全 很同意				
IE1：我们能与合作伙伴交换足够多的信息	①	②	③	④	⑤
IE2：我们能与合作伙伴交换完整的信息	①	②	③	④	⑤
IE3：我们能与合作伙伴自由的交换信息	①	②	③	④	⑤
IE4：我们与合作伙伴交换的信息非常可信	①	②	③	④	⑤
IE5：我们可以从与合作伙伴交换的信息受益	①	②	③	④	⑤

5. 以下是关于冷链能力中响应性（responsiveness，RE）的相关问题。

响应性（RE）	完全不同意 一般完全 很同意				
RE1：我们的冷链可以快速响应变化客户和供应商需求	①	②	③	④	⑤

响应性（RE）	完全不同意 一般完全 很同意				
RE2：我们的冷链可以快速响应竞争者战略的改变	①	②	③	④	⑤
RE3：我们的冷链可以快速响应商业环境的变化	①	②	③	④	⑤
RE4：我们的冷链可以快速应对环境中的威胁	①	②	③	④	⑤
RE5：我们的冷链可以更快更有效地开发和推广新产品/服务	①	②	③	④	⑤

6. 以下是关于冷链能力中协调（Coordination，CO）的相关问题。

协调（CO）	完全不同意 一般完全 很同意				
CO1：我们的业务部与合作伙伴的协调效率更高	①	②	③	④	⑤
CO2：我们的业务部与合作伙伴的协调时间更少	①	②	③	④	⑤
CO3：我们的业务部与合作伙伴的协调成本更低	①	②	③	④	⑤
CO4：我们的业务部与合作伙伴交易后续活动的效率更高	①	②	③	④	⑤
CO5：我们的业务部与合作伙伴的协调工作人员更少	①	②	③	④	⑤

7. 以下是关于冷链能力中活动（activity integration，AI）的相

关问题。

活动整合（AI）	完全不同意 一般完全 很同意				
AI1：我们与合作伙伴合作制订战略计划	①	②	③	④	⑤
AI2：我们积极与合作伙伴进行预测和计划方面的合作	①	②	③	④	⑤
AI3：与我们的合作伙伴合作规划未来的需求	①	②	③	④	⑤
AI4：与合作伙伴之间的需求预测和规划的合作是我们经常做的事情	①	②	③	④	⑤
AI5：我们总是与合作伙伴之间进行合作性的预测和计划活动事情	①	②	③	④	⑤

※以下是关于食品风险管理能力（risk management capability，RMC）方面的相关问题，请您根据企业的实际情况和真实想法，在对应的选项打上"√"。

8. 以下是关于风险管理能力（RMC）中稳健性（robustness，RO）的相关问题。

稳健性（RO）	完全不同意 一般完全 很同意				
RO1：即使发生中断，冷链和物流网络也可以保持有效	①	②	③	④	⑤
RO2：即使发生中断，冷链和物流网络可以保持可持续	①	②	③	④	⑤
RO3：冷链和物流网络通过预见和准备避免或最小化风险发生	①	②	③	④	⑤

稳健性（RO）	完全不同意		一般完全		很同意
RO4：冷链和物流网络可以吸收经常性风险带来的严重负面影响	①	②	③	④	⑤
RO5：冷链和物流网络可有足够的时间来考虑最有效的反应	①	②	③	④	⑤

9. 以下是关于风险管理能力（RMC）中弹性（resilience，RES）的相关问题。

弹性（RES）	完全不同意		一般完全		很同意
RES1：我们可以通过快速重新设计冷链流程来适应破坏性情况	①	②	③	④	⑤
RES2：我们能及时并充分地应对冷链物流中断	①	②	③	④	⑤
RES3：我们可以快速恢复到以前的性能水平或更理想的水平	①	②	③	④	⑤
RES4：我们能够快速响应减少负面影响的程度	①	②	③	④	⑤
RES5：我们公司冷链已为意外事件做好充分的准备	①	②	③	④	⑤

※以下是关于企业基本信息的相关问题，请填写或在符合条件的选项上打上"√"。

（1）您的本企业内担任的职务：＿＿＿＿＿＿＿

（2）本企业所属行业类别（请参照《国民经济行业分类》

GB/T 4754 – 2011 选择/填写）：

○1 交通运输、仓储和邮政业　○2 农副食品加工业（含屠宰及肉类加工、水产品冷冻加工等）　○3 食品制造（含罐头食品制造、速冻食品制造、饮料等）　○4 批发和零售业

○5 其他＿＿＿＿＿＿

（3）本企业的性质：

①国有　②私营　③联营　④集体　⑤三资　⑥其他＿＿＿

（4）本企业员工人数（人）：

①＜50　②50～100　③101～500　④501～1000

⑤1001～5000　⑥5001～10000　⑦＞10000

（5）本企业的年营业额（人民币：万元）：

①＜100　②100～1000　③1000～5000　④5001～10000

⑤10001～50000　⑥50001～100000　⑦＞100000

参 考 文 献

[中文文献]

［1］白世贞，沈欣，李敏．有关农产品冷链质量的国外理论研究综述［J］．物流技术，2011，30（9）：17-20.

［2］蔡宁．我国冷链产业发展现状及对策研究［J］．商业经济，2019（07）：30-32+62.

［3］Clark S D，周水洪，欧阳军．易腐食品冷链百科全书［M］．上海：东华大学出版社，2009.

［4］陈思圆．铁矿石供应不确定下的钢铁供应链鲁棒性分析［D］．北京：北京交通大学，2014.

［5］陈文贵．介入期权产品的冷链物流金融业务设计及机制创新［J］．物流技术，2017（11）：32-35+43.

［6］戴晋，张运栋，秦素研．冷链食品产业发展现状与技术创新分析［J］．物流技术与应用，2018（4）：65-67.

［7］邓爱民，聂治坤，刘利国，等．不确定性供应链的鲁棒优化研究综述［J］．统计与决策，2009（21）：160-162.

［8］刁力，刘西林．基于蚁群算法的供应链系统脆性研究［J］．华东交通大学学报，2007（1）：82-84.

［9］范广东．某大型冷链物流中心肉类冷藏库的几点创新做

法［J］. 冷藏技术，2018，41（1）：42－45.

［10］方杰，温忠麟，张敏强，等. 基于结构方程模型的多重中介效应分析［J］. 心理科学，2014，22（3）：735－741.

［11］方杰，张敏强. 中介效应的点估计和区间估计：乘积分布法、非参数 Bootstrap 和 MCMC 法［J］. 心理学报，2012，44（10）：1408－1420.

［12］方昕. 中国食品冷链的现状与思考［J］. 物流技术与应用，2004（11）：55－59.

［13］冯贺平，吴梅梅，杨敬娜. 基于 ZigBee 技术的果蔬冷链物流实时监测系统［J］. 江苏农业科学，2017，45（6）：219－221.

［14］冯华，包文辉. 社会控制与供应链能力之间的相互作用探讨——基于供应链整合的视角［J］. 中国地质大学学报（社会科学版），2017，17（3）：150－162.

［15］冯华，梁亮亮. 企业关系资本与供应链能力的相互作用研究——基于信息共享能力与供应链柔性的视角［J］. 中国地质大学学报（社会科学版），2016，16（2）：122－133.

［16］冯华，聂蕾，海峰. 信息共享水平与供应链能力的相互作用关系研究——基于社会控制的中介效应［J］. 南开管理评论，2018，21（4）：85－92.

［17］冯军政，魏江. 国外动态能力维度划分及测量研究综述与展望［J］. 外国经济与管理，2011，33（7）：26－33.

［18］葛颖波. 浅谈冷链物流供给侧结构性改革下的业态创新［J］. 当代经济，2017（20）：60－61.

［19］耿亮，肖人彬. 基于 DIIM 的供应网络弹性度量［J］.

计算机集成制造系统，2014，20（05），1211－1219.

［20］龚树生，梁怀兰．生鲜食品的冷链物流网络研究［J］.中国流通经济，2006（2）：7－9.

［21］韩宇红．发展我国冷链物流的对策研究［J］.农产品加工（学刊），2006（6）：29－32.

［22］郝皓，朱秋沆．增强企业供应链弹性［J］.IT 经理世界，2003（20）：100－101.

［23］洪江涛，高亚翀．供应链能力、知识传输与企业绩效关系的实证研究［J］.科学学研究，2014，32（7）：1052－1059.

［24］洪涛．我国农产品冷链物流模式创新与发展［J］.中国农业科技，2013（8）：42－45.

［25］黄福华，蒋雪林．生鲜农产品物流效率影响因素与提升模式研究［J］.北京工商大学学报（社会科学版），2017，32（2）：40－49.

［26］黄舒真，肖寅金，方赞皓，等．关于供应链流程创新体系研究分析［J］.科技经济导刊，2019，27（18）：228.

［27］嘉昌．"21 世纪中国食品冷藏链大会暨速冻食品发展研讨会"在北京召开［J］.制冷技术，1998（2）：59－60.

［28］金霞．供应链风险识别与评估研究［D］.兰州：兰州交通大学，2014.

［29］李彬，季建华，李国威．综合收益和风险的供应链鲁棒性指标模型研究［J］.上海交通大学学报，2013，47（3）：484－488.

［30］李怀祖．管理研究方法论［M］.陕西：西安交通大学出版社，2004.

［31］李俊．基于可拓的供应链弹性综合评价研究［D］．哈尔滨：哈尔滨工程大学，2012．

［32］李正卫，吴晓波，郑健壮．基于规模和集群之上的企业技术创新绩效行为研究［J］．科研管理，2003（4）：61－65．

［33］梁涛．流通供应链整合方式及动态能力的匹配性分析［J］．商业经济研究，2019（11）：26－28．

［34］林焜，彭灿．知识共享、供应链动态能力与供应链绩效的关系研究［J］．科学学与科学技术管理，2010，31（7）：98－104．

［35］林志民．中国冷冻食品工业的现状与发展趋势［J］．冷饮与速冻食品工业，2002（4）：34－36．

［36］刘斌，王雪松．连锁零售业冷链物流管控模式创新研究［J］．商品储运与养护，2008（03）：34－37．

［37］刘宏伟．食品行业的冷链物流［J］．中国物流与采购，2004（17）：46－47．

［38］刘家国，姜兴贺，赵金楼．基于解释结构模型的供应链弹性系统研究［J］．系统管理学报，2015，24（04）：617－623．

［39］刘斯漫，刘柯廷，李田田，等．大学生正念对主观幸福感的影响：情绪调节及心理弹性的中介作用［J］．心理科学，2015，38（04）：889－895．

［40］刘小峰，陈国华．基于复杂网络的供应链鲁棒性分析［J］．东南大学学报（自然科学版），2007（S2）：237－242．

［41］龙文祥，周贝，向梅，等．基于O2O和众包的生鲜冷链物流模式创新［J］．物流工程与管理，2017，39（7）：10－13．

［42］卢纹岱．SPSS统计分析［M］．北京：电子工业出版社，

2010.

［43］禄雪焕，白婷婷．绿色技术创新如何有效降低雾霾污染？［J］．中国软科学，2020（06）：174－182＋191.

［44］吕峰，林勇毅．我国食品冷链的现状与发展趋势［J］．福建农林大学学报，2000（1）：115－117.

［45］马千里．不确定条件下港口冷链基础设施规模优化研究［D］．大连：大连理工大学，2019.

［46］麦影．动态能力与关系资本互动提升供应链协同创新效应研究［J］．物流技术，2014，33（23）：289－292.

［47］潘永明，姜景博．供应链风险管理概述与研究［J］．物流工程与管理，2020，42（1）：99－100＋116.

［48］秦俭．我国农产品冷链物流企业模式创新研究［J］．物流技术，2015，34（7）：14－15＋179.

［49］任芳．京东生鲜：创新业务模式发力冷链物流［J］．物流技术与应用，2017，22（S1）：27－29.

［50］任颖丽．基于财务管理的供应链弹性提升研究［J］．商业会计，2012（13）：86－87.

［51］尚旭东，叶云．农业产业化联合体：组织创新、组织异化、主体行为扭曲与支持政策取向［J］．农村经济，2020（3）：1－9.

［52］宋华，陈思洁．供应链网络惯性与供应链动态能力［J］．北京交通大学学报（社会科学版），2017，16（4）：80－87.

［53］苏秀英，林清龙，林香．农产品冷链物流经营模式创新之路［J］．现代经济信息，2016（5）：357.

［54］陶萍，周海港．哈尔滨鲜活农产品冷链物流模式创新研究［J］．齐齐哈尔大学学报（哲学社会科学版），2016（9）：68－

69 + 96.

[55] 汪庭满，张小栓，陈炜，等．基于无线射频技术的罗非鱼冷链物流温度监控系统 [J]．农业工程学报，2011，27（9）：141 - 145.

[56] 王道平，张学龙，赵相忠．具有灰色随机动态特征的供应链牛鞭效应的鲁棒性分析 [J]．中国管理科学，2013，21（1）：57 - 62.

[57] 王建强．"互联网 +"背景下的农产品冷链物流发展模式创新策略研究 [J]．中国市场，2019（9）：177 - 178.

[58] 王娟娟，吕晓燕．农产品冷链物流国内外研究综述及展望 [J]．物流工程与管理，2018，40（12）：6 - 8.

[59] 王强，段玉权，詹斌，等．国外冷链物流发展的主要做法与经验 [J]．物流技术与应用，2007（2）：89 - 91.

[60] 王双．浅议冷链物流安全创新机制的构建 [J]．商，2013（20）：274.

[61] 王兴海．基于权重智能优化的供应链鲁棒性建模与仿真 [J]．物流技术，2013，32（21）：339 - 341.

[62] 王之泰．冷链——从思考评述到定义 [J]．中国流通经济，2010，24（09）：15 - 17.

[63] 王志远，欧阳甜．B2C 环境下生鲜农产品配送创新策略研究——以超市生鲜农产品冷链为例 [J]．中外企业家，2019（17）：95 - 96.

[64] 魏巧云．我国食品冷链物流技术创新研究 [J]．中国市场，2009（36）：55 - 56 + 61.

[65] 温忠麟，刘红云，侯杰泰．调节效应和中介效应分析

[M]. 北京：教育科学出版社，2012.

[66] 温忠麟，刘红. 中介效应和调节效应：方法及应用 [M]. 北京：教育科学出版社，2020.

[67] 温忠麟，叶宝娟. 中介效应分析：方法和模型发展 [J]. 心理科学进展，2014，22（5）：731－745.

[68] 吴静旦. 基于 O2O 模式的生鲜农产品冷链物流配送网络创新研究 [J]. 农业经济，2019（7）：133－134.

[69] 吴明隆. 结构方程模型：AMOS 的操作与应用 [M]. 重庆：重庆大学出版社，2010.

[70] 武松，潘发明. SPSS 统计分析大全 [M]. 北京：清华大学出版社，2014.

[71] 席运江，党延忠. 基于加权超网络模型的知识网络鲁棒性分析及应用 [J]. 系统工程理论与实践，2007（4）：134－140＋159.

[72] 喜崇彬. 华冷物流为福农社区生鲜超市提供创新冷链服务 [J]. 物流技术与应用，2018，23（2）：74－77.

[73] 夏文汇，张霞，夏乾尹，等. 基于创新性供应链的生鲜农产品冷链物流及协同研究 [J]. 重庆理工大学学报（社会科学），2018，32（5）：85－92.

[74] 向丹，李洪军. 中国易腐食品冷链物流现状分析及优化研究 [J]. 食品安全，2008（12）：195－197.

[75] 谢洪明，刘常勇，陈春辉. 市场导向与组织绩效的关系：组织学习与创新的影响——珠三角地区企业的实证研究 [J]. 管理世界，2006（2）：80－94＋143＋171－172.

[76] 熊彼特. 资本主义、社会主义与民主 [M]. 北京：商

务印书馆，1979.

[77] 徐娟，章德宾. 生鲜农产品供应链突发事件风险的评估模型 [J]. 统计与决策，2012（12）：41－43.

[78] 许芳，田雨，沈文. 服务供应链动态能力、组织学习与合作绩效关系研究 [J]. 科技进步与对策，2015，32（11）：15－19.

[79] 阎薪宇，李崇茂，聂锐，等. 乳制品冷链物流的配送研究 [J]. 中国乳品工业，2017，45（2）：39－42.

[80] 杨宝宏，宋茜茜. 农产品冷链物流经营模式创新之路 [J]. 生产力研究，2013（12）：25－26.

[81] 杨红雄，朱考志. 企业间互动合作、供应链动态能力与经济效益的关系 [J]. 系统工程，2019，37（4）：151－158.

[82] 杨萌. 我国食品冷链物流体系优化研究 [J]. 食品工业，2018，39（02）：285－288.

[83] 杨璇，宋华. 供应链金融、供应链能力与竞争绩效——基于多案例的研究 [J]. 管理案例研究与评论，2017，10（5）：491－507.

[84] 叶金国，张世英. 企业技术创新过程的自组织与演化模型 [J]. 科学学与科学技术管理，2022（12）：75－78.

[85] 袁平红. 农产品冷链物流发展现状及对策研究 [J]. 市场周刊（理论研究），2006（10）：13－15.

[86] 张帆，郑国华. 基于 DEMATEL 法的供应网络弹性能力关键因素分析 [J]. 物流技术，2015，34（24）：178－181.

[87] 张梅. 基于冷链物流的鲜活农产品流通体系创新研究 [J]. 物流工程与管理，2014，36（1），119－121.

［88］张仁堂，董海洲，乔旭光，等．现代果蔬物流中冷链技术集成创新研究［J］．世界农业，2007（9）：47－49．

［89］张喜征．企业供应链危机与经营风险［J］．技术经济，2002（1）：42－44．

［90］张昕瑞，王恒山．供应链鲁棒性作用模型及衡量研究［J］．江苏商论，2009（3）：116－118．

［91］张怡，熊杰，冯春．基于复杂网络的供应链网络鲁棒性分析［J］．计算机仿真，2012，29（11）：370－373＋415．

［92］张颖川．农产品冷链物流的本质是安全和服务——访中国物流与采购联合会冷链物流专业委员会秘书长秦玉鸣［J］．物流技术与应用，2018，23（S2）：42－44．

［93］赵秋银，余升国．税收竞争影响经济增长的中介效应研究——基于结构方程模型的路径分析［J］．华东经济管理，2020，34（3）：75－85．

［94］郑秀恋，马鸿佳，吴娟．基于供应链视角的能力研究综述与未来展望［J］．外国经济与管理，2018，40（7）：59－72．

［95］中华人民共和国国家质量监督检验检疫总局，中国国家标准化管理委员会．物流术语：GB/18354－2006［S］．北京：中国标准出版社，2006．

［96］钟秀安．加强冷链系统建设，发展生鲜商品经营［J］．中国商贸零售业态，1998（14）：42－43．

［97］周驷华．信息技术对供应链风险管理的影响基于能力的视角［D］．上海：上海交通大学，2014．

［98］周耀烈，疏礼兵．合作伙伴关系对供应链总体绩效的影响研究［J］．珞珈管理评论，2008（2）：159－167．

［99］周子敬. 结构方程模式（SEM）：精通 LISREL［M］. 台北：双叶书廊，2006.

［外文文献］

［1］Abdallah, A. B. , Phan, A. C. , & Matsui, Y. Investigating the effects of managerial and technological innovations on operational performance and customer satisfaction of manufacturing companies［J］. *International Journal of Business Innovation and Research*，2016，10（2/3）：153. doi：10. 1504/ijbir. 2016. 074824.

［2］Abdelkafi, N. , & Pero, M. Supply chain innovation-driven business models：Exploratory analysis and implications for management［J］. *Business Process Management Journal*，2018，24（2）：589 – 608.

［3］Adenso – Díaz, B. , Mar – Ortiz, J. , & Lozano, S. Assessing supply chain robustness to links failure［J］. *International Journal of Production Research*，2017，56（15）：5104 – 5117. doi：10. 1080/ 00207543. 2017. 1419582.

［4］Adhitya, A. , Srinivasan, R. , & Karimi, I. A. Supply chain risk identification using a HAZOP – based approach［J］. *Aiche Journal*，2009，55（6）：1447 – 63.

［5］Adida, E. , & Perakis, G. A robust optimization approach to dynamic pricing and inventory control with no backorders［J］. *Mathematical Programming*，2006，107（1 – 2）：97 – 129.

［6］Afolabi, A. , Ibem, E. , Aduwo, E. , Tunji – Olayeni, P. , Oluwunmi, O. Critical success factors（CSFs）for e – Procurement adoption in the Nigerian construction industry ［J］. *Buildings*, 2019, 9 (2): 47.

［7］ Ambulkar, S. , Blackhurst, J. , & Grae, S. Firm's resilience to supply chain disruptions: Scale development and empirical examination ［J］. *Journal of Operations Management*, 2015, (33 – 34): 111 – 122, https: //doi. org/10. 1016/j. jom. 2014. 11. 002.

［8］ Amit, R. , & Schoemaker, P. J. H. Strategic assets and organizational rent ［J］. *Strategic Management Journal*, 1993, 14 (1): 33 – 46.

［9］ Ar, I. M. , & Baki, B. Antecedents and performance impacts of product versus process innovation Empirical evidence from SMEs located in Turkish science and technology parks ［J］. *European Journal of Innovation Management*, 2011, 14 (2): 172 – 206.

［10］ Arlbjorn, J. S. , Haas, H. D. , & Munksgaard, K. B. Exploring supply chain innovation ［J］. *Logistics Research*, 2011, 3 (1): 3 – 18. doi: 10. 1007/s12159 – 010 – 0044 – 3.

［11］ Asbjornslett, B. E. & Rausand, M. Assess the vulnerability of your production system ［J］. *Production Planning & Control*, 1999, 10 (3): 219 – 229.

［12］ Ashill, N. J. , Williams, P. , Khan, M. S. , & Naumann, E. Dynamic and ordinary capabilities: A project management perspective ［J］. *IEEE Transactions on Engineering Management*. doi: 10. 1109/TEM. 2020. 3005534.

［13］ Ashwin, A. , Krishnan, R. , & George, R. Family firms in india: Family involvement, innovation and agency and stewardship

behaviors [J]. *Asia Pacific Journal of Management*, 2015, 32 (4):
869 – 900.

[14] Atsushi, O., & Kentaro, Y. A. Temperature-managed
traceability system using RFID tags with embedded temperature sensors
[J]. *Nec Technical Journal*, 2006 (2): 82 – 86.

[15] Ayyagari, M., Demirgüç – Kunt, A., & Maksimovic,
V. Firm innovation in emerging markets: The role of finance, govern-
ance, and competition [J]. *Journal of Financial and Quantitative Anal-
ysis*, 2011, 46 (6): 1545 – 1580.

[16] Badia – Melis, R., Carthy, U. M., & Uysal, I. Data es-
timation methods for predicting temperatures of fruit in refrigerated con-
tainers [J]. *Biosystems Engineering*, 2016 (151): 261 – 272.

[17] Bagozzi, R. P., & Yi, Y. On the evaluation of structural e-
quation models [J]. *Journal of the Academy of Marketing Science*,
1988, 16 (1): 74 – 94.

[18] Barney, J. Firm resources and sustained competitive advan-
tage [J]. *Journal of Management*, 1991, 17 (1): 99 – 120.

[19] Baron, R. M., & Kenny, D. A. The moderator-mediator
variable distinction in social psychological research: Conceptual, strate-
gic, and statistical considerations [J]. *Journal of Personality and Social
Psychology*, 1986, 51: 1173 – 118.

[20] Barratt, M. Understanding the meaning of collaboration in
the supply chain [J]. *Supply Chain Management: An International
Journal*, 2004, 9 (1): 30 – 42.

[21] Barreto, I. Dynamic capabilities: A review of past research

and an agenda for the future [J]. *Journal of Management*, 2010, 36 (1): 256 – 280.

[22] Baz, J. E. l. , & Ruel, S. Can supply chain risk management practices mitigate the disruption impacts on supply chains' resilience and robustness? Evidence from an empirical survey in a COVID – 19 outbreak era [J]. *International Journal of Production Economics*. doi: https: //doi. org/10. 1016/j. ijpe. 2020. 107972.

[23] Behzadi, G. , O'Sullivan, M. J. , Olsen, T. L. , & Zhang, A. Agribusiness supply chain risk management: A review of quantitative decision models. *Omega*, doi: 10. 1016/j. omega. 07. 005.

[24] Bessant, J. Big bang or continuous evolution: Why incremental innovation is gaining attention in successful organisations [J]. *Creativity and Innovation Management*, 1992 (1): 59 – 62.

[25] Bharadwaj, A. S. A resource-based perspective on information technology capability and firm performance: An empirical investigation [J]. *MIS Quarterly*, 2000, 24 (1): 169 – 196.

[26] Bi, R. , Davidson, R. , Kam, B. , & Smyrnios, K. Developing organizational agility through IT and supply chain capability [J]. *Journal of Global Information Management*, 2013, 21 (4): 38 – 55. doi: 10. 4018/jgim. 2013100103.

[27] Bishara, R. H. Cold chain management-an essential component of the global pharmaceutical supply chain [J]. *American Pharmaceutical Review*, 2006, 9 (1): 105 – 109.

[28] Blome, C. , Schoenherr, T. , & Kaesser, M. Ambidextrous governance in supply chains: The impact on innovation and cost perform-

ance [J]. *Journal of Supply Chain Management*, 2013, 49 (4): 59 – 80.

[29] Bogataj, M., Bogataj, L., & Vodopivec, R. Stability of perishable goods in cold logistic hains [J]. *International Journal of Production Economics*, 2005, 345 – 356.

[30] Boon – Itt, S., & Wong, C. Y. Empirical investigation of alternate cumulative capability models: A multi-method approach [J]. *Production Planning & Control*, 2016 (27): 299 – 311.

[31] Bowersox, D. J., Closs, D. J., & Stank, T. P. 21st century logistics: Making supply chain integration a reality [J]. *East Lansing: Michigan State University and Council of Logistics Management.*

[32] Brem, A., Nylund, P. A., & Schuster, G. Innovation and de facto standardization: The influence of dominant design on innovative performance, radical innovation, and process innovation [J]. *Technovation*, 2016 (50 – 51): 79 – 88.

[33] Brettel, M., Friederichsen, N., Keller, M., & Rosenberg, M. How virtualization, decentralization and network building change the manufacturing landscape: An industry 4. 0 perspective [J]. *International Journal of Mechanical, Industrial Science and Engineering*, 2014, 8 (1): 37 – 44.

[34] Bruce, M., & Moger, S. T., Dangerous, liaisons: An application of supply chain modelling for studying innovation within the UK clothing industry [J]. *Technol Anal Strateg*, 1999, 11 (1): 113 – 25.

[35] Brusset, X., & Teller, C. Supply chain capabilities,

risks, and resilience [J]. *International Journal of Production Economics*, 2017 (184): 59 – 68.

[36] Buffington, J. The beverage can in the United States: Achieving a 100% recycled aluminum can through supply chain Innovation [J]. *Jom*, 2012, 64 (8): 923 – 932.

[37] Camisón, C. , & Villar – López, A. Organizational innovation as an enabler of technological innovation capabilities and firm performance [J]. *Journal of Business Research*, 2014, 67 (1): 2891 – 2902. doi: 10. 1016/j. jbusres. 2012. 06. 004.

[38] Cao Qing – Lou, Kang Tae – Won & Lim Yong – Taek. The effects of entrepreneurial capability on the dynamic capability and corporate performance of chinese SMEs [J]. *Journal of International Trade & Commerce*, 2017, 13 (5), 217 – 237.

[39] Cao Qing – Lou & Kang Tae – Won. The impact of ICT capability on the competitive advantages of chinese small and medium logistics enterprises: Based on the mediating effect of dynamic capability [J]. *Korea Logistics Review*, 2018, 28 (5): 147 – 159.

[40] Carvalho, H. , Cruz – Machado, V. , Tavares, J. G. A mapping framework for assessing supply chsin resilience [J]. *International Journal of Logistics Systems and Management*, 2012, 12 (3): 354 – 373.

[41] Chen, H. , Daugherty, P. J. , & Landry, T. D. Supply chain process integration: A theoretical framework [J]. *Journal of Business Logistics*, 2009, 30 (2): 27 – 46.

[42] Cherrafi, A. , Garza – Reyes, J. A. , Kumar, V. , Mi-

shra, N. , Ghobadian, A. , & Elfezazi, S. Lean, green practices and process innovation: A model for green supply chain performance [J]. *International Journal of Production Economics*, 2018 (206): 79 – 92.

[43] Choi Si-young, Shin Kwang-soo, Cho Yoon-sung, Kim Jin-man, Kim Jin-gon, Yoon Eui-sik, ... Chung Myung-soo. *Cold chain management* [M]. Published by Korea Food Cold Chain Association, 2018.

[44] Chowdhury, M. M. H. , & Quaddus, M. Supply chain re-silience: Conceptualization and scale development using dynamic capa-bility theory [J]. *International Journal of Production Economics*, 2017 (188): 185 – 204.

[45] Christopher, M. *Logistics and supply chain management*: *Creating Value – Added networks* [M]. Pearson Education, Harlow, 2005.

[46] Christopher, M. , & Peck, H. Building the resilient supply chain [J]. *International Journal of Logistics Management*, 2004, 15 (2): 1 – 13.

[47] Christopher, M. , Peck, H. , Rutherford, C. , & Jutt-ner, U. *Understanding supply chain risk*: *A self-assessment workbook. department for transport*. Cranfield University, Cranfield.

[48] Christopher, M. , & Peek, H. The five principle of supply chain resilience [J]. *Logistics Europe*, 2004 (2): 22 – 26.

[49] Christopher, M. *Supply chain vulnerability, report for de-partment of transport* [M]. local government and the regions: Cran-field: Cranfield University.

[50] Clemons, E. K. , & Row, M. C. Limits to interfirm coordination through information technology: Results of a field study in consumer packaged goods distribution [J]. *Journal of Management Information Systems*, 1993, 10 (1): 73 – 95.

[51] Closs, D. J. & Savitskie, K. Internal and external logis-tics information technology integration [J]. *International Journal of Logistics Management*, 2003, 14 (1): 63 – 76.

[52] Cohen, W. M. , & Levin, R. C. Empirical studies of innovation and market structure. In R. Schmalensee, & R. D. Willig (Eds.) [M], *Handbook of industrial organization* (pp. 1059 – 1107). Amsterdam: Elsevier Science.

[53] Colicchia, C. , & Strozzi, F. Supply chain risk management: a new methodology for a systematic literature review [J]. *Supply Chain Management: An International Journal*, 2012, 17 (4): 403 – 418.

[54] Collis, D. J. Research note: How valuable are organizational capabilities? [J]. *Strategic Management Journal*, 1994, 15 (S1): 143 – 152.

[55] Dai, J. , Che, W. , Lim, J. J. , & Shou, Y. Service innovation of cold chain logistics service providers: A multiple-case study in China [J]. *Industrial Marketing Management*, 2019, 22 (4): 121 – 135.

[56] Damanpour, F. Organizational Innovation: A metaanalysis of effects of determinants and moderators [J]. *The Academy of Management Journal*, 1991, 34 (3): 555 – 590.

［57］ Damanpour, F. The adoption of technological, administrative, and ancillary innovations: Impact of organizational factors ［J］. *Journal of Management*, 1987, 13 (4): 675 – 688.

［58］ Danneels, E. The dynamics of product innovation and firm competencies ［J］. *Strategic Management Journal*, 2002, 23 (12): 1095 – 1121.

［59］ Delmas, M. A. Innovating against European rigidities: Institutional environment and dynamic capabilitie ［J］. *The Journal of High Technology Management Research*, 2002, 13 (1): 19 – 43.

［60］ Dey, P. K., Malesios, C., De, D., Chowdhury, S., & Abdelaziz, F. B. Could lean practices and process innovation enhance supply chain sustainability of small and medium sized enterprises? ［J］. *Business Strategy and the Environment*, 2018, 28 (4): 582 – 598. doi: 10. 1002/bse. 2266.

［61］ Dierickx, I., & Cool, K. Asset stock accumulation and sustainability of competitive advantage ［J］. *Management Science*, 1989 (35): 1504 – 1511.

［62］ Diop, N., Jaffee, S. M., & Aksoy, M. A. Fruits and vegetables: Global trade and competition in fresh and processed product markets ［J］. *Global Agricultural Trade & Developing Countries*, 2005: 237 – 257.

［63］ Donaldson, L. *The contingency theory of organizations*. Thousand Oaks, CA: Sage, 2001.

［64］ Dong, M. Development of supply chain network robustness index ［J］. *International Journal of Services Operations and Informatics*,

2006, 1 (1/2): 54 – 66.

[65] Drucker, P. F. *Innovation and Entrepreneurship*. Harvard Business School, Cambridge, MA, 1985.

[66] Dubey, R. , Gunasekaran, A. , Childe, S. J. , Papadopoulos, T. , Blome, C. , & Luo, Z. Antecedents of resilient supply chains: An empirical study [J]. *IEEE Transactions on Engineering Management*, 2019, 66 (1): 8 – 19. doi: 10. 1109/TEM. 2017. 2723042.

[67] Durach, C. F. , Wieland, A. , & Machuca, J. A. Antecedents and dimensions of supply chain robustness: A systematic literature review [J]. *International Journal of Physical Distribution & Logistics Management*, 2015, 45 (1/2): 118 – 137.

[68] Edwards, J. R. , & Lambert, L. S. Methods for integrating moderation and mediation: A general analytical framework using moderated path analysis [J]. *Psychological Methods*, 2007 (12): 1 – 22.

[69] Ettlie, J. E. , & Reza, E. M. Organizational integration and process innovation [J]. *Academy of Management Journal*, 1992 (35): 795 – 827.

[70] Flint, D. J. , Larsson, E. , Gammelgaard, B. , & Mentzer, J. T. Logistics innovation: A customer value-oriented social process [J]. *Journal of Business Logistics*, 2005, 26 (1): 113 – 147.

[71] Flint, D. , Larsson, E. , & Gammelgaard, B. Exploring processes for customer value insights, supply chain learning and innovation: An international study [J]. *Journal of Business Logistics*, 2008, 29 (1): 257 – 281.

［72］ Foy, R. , Ovretveit, J. , Shekelle, P. G. , Pronovost, P. J. , Taylor, S. L. , Dy, S. , … Wachter, R. M. The role of theory in research to develop and evluate the implementation of patient safety practices ［J］. *BMJ Quality &Safety*, 2011, 20（5）: 453 – 459.

［73］ Francis, V. Supply chain visibility: Lost in translation? ［J］. *Supply Chain Management: An International Journal*, 2008, 13（3）: 180 – 184.

［74］ Fritz, M. S. , & MacKinnon, D. P. Required sample size to detect the mediated effect ［J］. *Psychological Science*, 2007（18）: 233 – 239.

［75］ Gao, D. , Xu, Z. , Ruan, Y. Z. , & Lu, H. From a systematic literature review to integrated definition for sustainable supply chain innovation（SSCI）［J］. *Journal of Cleaner Production*. doi: 10. 1016/j. jclepro. 2016. 11. 153.

［76］ Gaonka, R. , & Viswanadham, N. A. *Conceptual and analytic framework for the management of risk in supply chains*. Proc IEEE International Conference on Robotics and Automation. New Orleans, LA, USA: IEEE Press, 2004（4）: 2699 – 2704.

［77］ Gebauer, H. Exploring the contribution of management innovation to the evolution of dynamic capabilities ［J］. *Industrial Marketing Management*, 2011, 40（8）: 1238 – 1250. doi: 10. 1016/j. indmarman. 2011. 10. 003.

［78］ George, M. Managing the cold chain for quality and safety: Teagasc ［J］. *National Food Centre*, 2000, 18（5）: 222 – 232.

［79］ Goldsmith, P. D. Innovation, supply chain control, and the welfare of farmers: The economics of genetically modified seeds [J]. *American Behavioral Scientist*, 2001, 44 (8): 1302 – 1326.

[80] Golgeci, I., & Ponomarov, S. Y. Does firm innovativeness enable effective responses to supply chain disruptions? An empirical study [J]. *Supply Chain Management: An International Journal*, 2013, 18 (6): 604 – 617.

[81] Govindan, K., Azevedo, S. G., Carvalho, H., & Cruz – Machado, V. Lean, green and resilient practices influence on supply chain performance: Interpretive structural modeling approach [J]. *International Journal of Environmental Science and Technology*, 2015, 12 (1): 15 – 34.

[82] Grant, R. M. The resource-based theory of competitive advantage: Implications for strategy formulation [J]. *California Management Review*, 1991, 33 (3): 114 – 135.

[83] Grant, R. M. Toward a knowledge-based theory of the firm [J]. *Strategic Management Journal*, 1996 (17): 109 – 122.

[84] Green, K. W., Inman, R. A., Birou, L. M., & Whitten, D. Total JIT (T – JIT) and its impact on supply chain competency and organizational performance [J]. *International Journal of Production Economics*, 2014 (147): 125 – 135.

[85] Guan, J., Ma, N. Innovative capability and export performance of Chinese firms [J]. *Technovation*, 2003, 23 (9): 737 – 747.

[86] Gunasekaran, A. & Spalanzani, A. Sustainability of manufacturing and services: Investigations for research and applications [J]. *In-*

ternational Journal of Production Economics, 2012, 140 (1): 35 – 47.

［87］ Guo, S. M. , Wu, T. , & Chen, Y. J. Over-and Under-estimation of risks and counteractive adjustment for cold chain operations: A prospect theory perspective ［J］. *The International Journal of Logistics Management*, 2018, 29 (3): 902 – 921.

［88］ Habermann, M. , Blackhurst, J. , & Metcalf, A. Y. Keep your friends close? Supply chain design and disruption risk ［J］. *Decision Sciences*, 2015, 46 (3): 491 – 526.

［89］ Hahn, G. J. Industry 4. 0: A supply chain innovation perspective ［J］. *International Journal of Production Research*, 2019, 58 (5): 1425 – 1441. doi: 10. 1080/00207543. 2019. 1641642.

［90］ Handfield, R. , & McCormack K P. *Supply chain risk management: Minimizing disruptions in global sourcing*. CRC Press, 2007.

［91］ Han Kwan-soon. *Agricultural and Food Cold Chain Strategy* ［M］. Dounan Book Press, 2017.

［92］ Hayes, A. F. Beyond baron and kenny: Statistical mediation analysis in the new millennium ［J］. *Communication Monographs*, 2009 (76): 408 – 420.

［93］ Heap, R. D. *Cold chain performance issues now and in the future*. Bulletin of the IIR, 2006.

［94］ Helfat, C. E. , Finkelstein, S. , Mitchell, W. , Peteraf, M. , Singh, H. , Teece, D. , & Winter, S. G. Dynamic capabilities: Understanding strategic change in organizations ［J］. *Academy of Management Review*, 2007, 30 (1): 203 – 207.

［95］ Helfat, C. E. , & Peteraf M. A. The dynamic resource-based view: Capability lifecycles [J]. *Strategic Management Journal*, October Special Issue, 2003 (24): 997 – 1010.

[96] Helfat, C. E. , & Winter, S. G. Untangling dynamic and operational capabilities: Strategy for the (N) ever-changing world [J]. *Strategic Management Journal*, 2011, 32 (11): 1243 – 1250.

[97] Hendricks, K. B. , Singhal, V. R. , & Zhang, R. R. The effect of operational slack, diversification, and vertical relatedness on the stock market reaction to supply chain disruptions [J]. *Journal of Operations Management*, 2009, 27 (3): 233 – 246.

[98] Hine, D. , Parker, R. , Pregelj, L. , & Verreynne, M. – L. Deconstructing and reconstructing the capability hierarchy [J]. *Industrial and Corporate Change*, 2013, 23 (5): 1299 – 1325. doi: 10. 1093/icc/dtt046.

[99] Holcomb, M. C. Ponomarov, S. Y. , & Manrodt, K. B. The relationship of supply chain visibility to firm performance [J]. *Supply Chain Forum an International Journal*, 2011, 12 (12): 32 – 45.

[100] Hollnagel, E. , Woods, D. , & Levenson, N. *Resilience Engineering: Concepts and Precepts*. Ashgate, Aldershot, UK, 2006.

[101] Huang, F. , & Rice, J. Openness in product and process innovation [J]. *International Journal of Innovation Management*, 2012, 16 (4): 1 – 24. doi: 10. 1142/S1363919612003812.

[102] Hult, G. T. M. , Hurley, R. F. & Knight, G. A. Innovativeness: Its antecedents and impact on business performance [J]. *Industrial Marketing Management*, 2004, 33 (5): 429 – 438.

[103] Hu, T. , & Xie, C. Competition, innovation, Risk –

Taking, and profitability in the chinese banking sector: An empirical analysis based on structural equation modeling. *Discrete Dynamics in Nature and Society*. Article ID 3695379, 10 pages. http://dx. doi. org/ 10. 1155/2016/3695379.

[104] Iacobucci, D. *Mediation analysis*. Thousand Oaks, CA: Sage, 2008.

[105] Jaafar, H. S. , Endut, I. R. , Faisol, N. , & Omar, E. N. *Innovation in logistics services-halal logistics* [C]. Proceedings of the 16th International Symposium on Logistics (ISL), Berlin, Germany, 2011: 844 – 851.

[106] Jain, V. , Kumar, S. , Soni, U. , & Chandra, C. Supply chain resilience: model development and empirical analysis [J]. *International Journal of Production Research*, 2017, 55 (22): 6779 – 6800. doi: 10. 1080/00207543. 2017. 1349947.

[107] Jensen, J. K. , Govindan, K. Assessment of renewable bioenergy application: A case in the food supply chain industry [J]. *Journal of Cleaner Production*, 2014 (66): 254 – 263.

[108] Jiménez – Jiménez, D. , & Sanz – Valle, R. Innovation, organizational learning, and performance [J]. *Journal of Business Research*, 2011, 64 (4): 408 – 417.

[109] Joreskog, K. G, & Sorbom, D. *LISREL* 8: *Structural Equation Modeling with the Simplis Command Language*. Scientific Software International Inc. , Chicago, IL, 1993.

[110] Jüttner, U. , & Maklan, S. Supply chain resilience in the global financial crisis: An empirical study [J]. *Supply Chain Manage-*

ment: *An International Journal*, 2011, 16 (4): 246 – 259.

[111] Jüttner, U. , Peck, H. , & Christopher, M. Supply chain risk management: Outlining an agenda for future research [J]. *International Journal of Logistics Research and Applications*, 2003, 6 (4): 197 – 210.

[112] Kahn, K. B. Understanding innovation [J]. *Business Horizons*, 2018, 61 (3): 453 – 460. doi: 10. 1016/j. bushor. 2018. 01. 011.

[113] Kaiser, H. F. , & Rice, J. Little jiffy, mark IV [J]. *Educational and Psychological Measurement*, 1974, 34 (1): 111 – 117.

[114] Kim Chang – Bong. An effects of process innovation and supply chain integration on business performance [J]. *Korea Trade Research Association*, 2013, 38 (4): 255 – 275.

[115] Kim, D. , Cavusgil, S. T. , & Roger, J. Information system innovations and supply chain management: Channel relationships and firm performance [J]. *Journal of the Academy of Marketing Science*, 2006, 34 (1): 40 – 54.

[116] Kim, D. Y. *The impacts of quality management practices on innovation* [D]. Unpublished dissertation, Sprott School of Business, Carleton University, Ottawa, Canada, 2010.

[117] Kim, K. , Kim, H. , Kim, S. K. , & Jung, J. Y. i – RM: An intelligent risk management framework for context-aware ubiquitous cold chain logistics [J]. *Expert Systems with Applications*, 2016 (46): 463 – 473.

［118］ Kim, Y. , Chen, Y. S. , & Linderman, K. Supply network disruption and resilience ［J］. *Journal of Operations Management*, 2015, 33 – 34 （01）: 43 – 59.

［119］ Kleindorfer, P. R. & Saad, G. H. Managing disruption risks in supply chains ［J］. *Production and Operations Management*, 2005, 14 （1）: 53 – 68.

［120］ Klein – Schmeink, S. & Peisl, T. Supply chain innovation and risk assessment （SCIRA） model. *Supply Chain Safety Management*, LNL, 2013: 309 – 326.

［121］ Koo Yu-mi & Kim Dong-jin. An analysis on the relative importance of fresh food transportation in cold chain ［J］. *Journal of International Trade & Commerce*, 2018, 26 （4）: 23 – 38.

［122］ Kumar, V. , Kumar, U. , & Persaud, A. Building technological capability through importing technology: The case of Indonesian manufacturing industry ［J］. *The Journal of Technology Transfer*, 1999 （24）: 81 – 96.

［123］ Kuo, J. C. , & Chen, M. C. Developing an advanced Multi – Temperature Joint Distribution System for the food cold chain ［J］. *Food Control*, 2010, 21 （4）: 559 – 566.

［124］ Kwak, D. W. , Seo, Y. J. , & Mason, R. Investigating the relationship between supply chain innovation, risk management capabilities and competitive advantage in global supply chains ［J］. *International Journal of Operations & Production Management*, 2018, 38 （1）: 2 – 21.

［125］ Lam, H. K. , Yeung, A. C. , & Cheng, T. E. The impact of firms' social media initiatives on operational efficiency and inno-vativeness [J]. *Journal of Operations Management*, 2016 (47): 28 – 43.

[126] Lau, H. C. W. , Ho, G. T. S. , Chan, T. M. , Tsui, W. T. An innovation approach for achieving cost optimization in supply chain management [J]. *Journal of Intelligent & Fuzzy Systems*, 2014, 26 (1): 173 – 192.

[127] Lavastre, O. , Gunasekaran, A. , & Spalanzani, A. Supply chain risk management in French companies [J]. *Decision Support Systems*, 2012, 52 (4): 828 – 838.

[128] Lee, S. M. , Lee, D. , & Schniederjans, M. J. Supply chain innovation and organizational performance in the healthcare indus-try [J]. *International Journal of Operations & Production Management*, 2011, 31 (11): 1193 – 1214.

[129] Leung, S. C. H. , Tsang, S. O. S. , Ng, W. L. , & Wu, Y. ARobust optimization model for multi-site production planning-problem in an uncertain environment [J]. *European Journal of Opera-tional Research*, 2007 (181): 224 – 238. doi: 10. 1016/j. ejor. 2006. 06. 011.

[130] Liao, S. H. , Kuo, F. I. , & Ding, L. W. Assessing the influence of supply chain collaboration value innovation, supply chain capability and competitive advantage in Taiwan's networking communica-tion industry [J]. *International Journal of Production Economics*, 2017 (191): 143 – 153.

[131] Liao, S. H. , & Kuo, F. I. The study of relationships be-

tween the collaboration for supply chain, supply chain capabilities and firm performance: A case of the Taiwan's TFT – LCD industry [J]. *International Journal of Production Economics*, 2014 (156): 295 – 304.

[132] Lin, C. Determinants of the adoption of technological innovations by logistics service providers in China [J]. *International Journal of Technology Management and Sustainable Development*, 2008, 7 (1): 19 – 38.

[133] Li, S. , Shang, J. , & Slaughter, S. A. Why do software firms fail? Capabilities, competitive actions, and firm survival in the software industry from 1995 to 2007 [J]. *Information Systems Research*, 2010 (21): 631 – 654.

[134] Liu, Y. , Srai, J. , & Evans, S. Environmental management: The role of supply chain capabilities in the auto sector [J]. *Supply Chain Management*, 2016, 21 (1): 1 – 19.

[135] Liu, Y. , Zhu, Q. , & Seuring, S. Linking capabilities to green operations strategies: The moderating role of corporate environmental proactivity [J]. *International Journal of Production Economics*, 2017 (187): 182 – 195.

[136] Li, Y. , Liu, Y. , & Ren, F. Product innovation and process innovation in SOEs: Evidence from the Chinese transition [J]. *The Journal of Technology Transfer*, 2007 (32): 63 – 85. doi: 10. 1007/s10961 – 006 – 9009 – 8.

[137] Lloyd, J. S. Improving the cold chain for vaccines. *WHO chronicle*, 1977.

[138] MacKinnon, D. P. , Lockwood, C. M. , & Williams, J.

Confidence limits for the indirect effect: Distribution of the product and resampling methods [J]. *Multivariate Behavioral Research*, 2004 (39): 99 – 128.

[139] Makadok, R. Toward a synthesis of the resource-based and dynamic-capability views of rent creation [J]. *Strategic Management Journal*, 2001, 22 (5): 387 – 401.

[140] Maleki, M., Davoudi, S. M. M., & Moradi, H. Information technology impact on supply chain capabilities and firm performance: A survey in iran's manufacturing companies [J]. *International Journal of Research in IT, Management and Engineering*, 2011, 1 (3): 1 – 21.

[141] Malone, T. W., & Crowston, K. The interdisciplinary study of coordination [J]. *ACM Computing Surveys (CSUR)*, 1994 (1): 87 – 119.

[142] Mandal, S., Sarathy, R., Korasiga, V. R., Bhattacharya, S., & Dastidar, S. G. Achieving supply chain resilience: The contribution of logistics and supply chain capabilities [J]. *International Journal of Disaster Resilience in the Built Environment*, 2016, 7 (5): 544 – 562.

[143] Manuj, I., & Mentzer, J. T. Global supply chain risk management strategies [J]. *International Journal of Physical Distribution & Logistics Management*, 2008, 38 (3): 192 – 223.

[144] Meepetchdee, Y. & Shah, N. Logistical network design with robustness and complexity considerations [J]. *International Journal of Physical Distribution & Logistics Management*, 2007, 37 (3):

201 – 222.

［145］Mercier, S. , Mondor, M. , Villeneuve, S. , & Marcos, B. The Canadian food cold chain: A legislative, scientific, and prospective overview ［J］. *International Journal of Refrigeration*, 2018 (88): 637 – 645. doi: 1016/j. ijrefrig. 2018. 01. 006.

［146］Mikalef, P. , Krogstie, J. , Pappas, I. O. , & Pavlou, P. Exploring the relationship between big data analytics capability and competitive performance: The mediating roles of dynamic and operational capabilities ［J］. *Information & Management*, 2020, 57 (2): 1 – 15. doi: 10. 1016/j. im. 2019. 05. 004.

［147］Minahan, T. A. *The Supply Risk Benchmark Report* ［R］. Aberdeen Group, Boston, MA, 2005.

［148］Mohammadi, A. , Sahrakar, M. , & Yazdani, H. R. Investigating the effects of information technology on the capabilities and performance of the supply chain of dairy companies in fars province: A multiple case study ［J］. *African Journal of Business Management*, 2012, 6 (3): 933 – 945.

［149］Morash, E. A. , & lynch, D. f. Public policy and global supply chain capabilities and performance: A resource—baced view ［J］. *Journal of International Marketing*, 2002, 10 (1): 25 – 51. doi: 10. 1509/jimk. 10. 1. 25. 19529.

［150］Morash, E. A. Supply chain strategies, capabilities, and performance ［J］. *Transportation Journal*, 2001, 41 (1): 37 – 54.

［151］Morita, M. , Machuca, J. A. D. , & Pérez Díez de los Ríos, J. L. Integration of product development capability and supply chain capability: The driver for high performance adaptation [J]. *International Journal of Production Economics*, 2018 (200): 68 – 82. doi: 10. 1016/j. ijpe. 2018. 03. 016.

[152] Munoz, A. , & Dunbar, M. On the quantification of operational supply chain resilience [J]. *International Journal of Production Research*, 2015, 53 (22): 6736 – 6751. doi: 10. 1080/00207543. 2015. 1057296.

[153] Na Jung-ho & Kwon Seung-ha. A study on the effect of relationship between logistics cooperation and supply chain capability on logistics performance [J]. *Korea Trade Review*, 2018, 43 (1): 69 – 90.

[154] Nakandala, D. , Lau, H. , & Zhao, L. Development of a hybrid fresh food supply chain risk assessment model [J]. *International Journal of Production Research*, 2017, 55 (13): 4180 – 4195.

[155] Naway, F. , & Rahmat, A. The mediating role of technology and logistic integration in the relationship between supply chain capability and supply chain operational performance [J]. *Uncertain Supply Chain Management*, 2019 (7): 553 – 566.

[156] Ndraha, N. , Hsiao, H. I. , Vlajic, J. , Yang, M. F. , & Lin, H. T. V. Time-temperature abuse in the food cold chain: Review of issues, challenges, and recommendations [J]. *Food Control*, 2018 (89): 12 – 21. doi: 10. 1016/j. foodcont. 2018. 01. 027.

[157] Nelson, R. , & Winter, S. *An evolutionary theory of economic change* [M]. Belknap Press: Cambridge, MA, 1982.

[158] Nieto, M. Basic propositions for the study of the technologi-

cal innovation process in the firm［J］. *European Journal of Innovation Management*, 2004, 7（4）: 314 – 324.

［159］Norrman, A., & Lindroth, R. *Categorization of supply chain risk and risk management//*BRINDLEY C. Supply Chain Risk［M］. Ashgate, Aldershot, 2004.

［160］Noya, I., Aldea, X., Gasol, C. M., González – García, S., Amores, M. J., Colón, J. et al. Carbon and water footprint of pork supply chain in Catalonia: From feed to final products［J］. *Journal of Environmental Management*, 2016（171）: 133 – 143.

［161］OECD. Oslo manual proposed guidelines for collecting and interpreting technological. Innovation data（Paris）of radical innovation: Insights from pharmaceuticals［J］. *Journal of Marketing*, 2005（67）, 82 – 102.

［162］Oksenberg, L., Cannell, C., & Kalton, G. New strategies for pretesting survey questions［J］. *Journal of Official Statistics*, 1991, 7（3）: 349 – 365.

［163］Ouyang, Y., & Daganzo, C. Robust tests for the bullwhipEffect in supply chains with stochastic dynamics［J］. *European Journal of Operational Research*, 2008, 185（1）: 340 – 353.

［164］Pan, F., & Nagi, R. Robust supply chain design under uncertain demand in agile manufacturing［J］. *Computers & Operations Research*, 2010, 37（4）: 668 – 683.

［165］Park Chan-kwon, Park Sung-min, Kim Chae-bok & Kim Jong-dal. The effect of supply chain risk management strategies on supply chain robustness and corporate performance［J］. *Korea Corporate Man-*

agement Research, 2021, 28 (1): 27 – 48.

［166］ Park Sang – Oon, CHO Keun – Tae. Relationship between dynamic capabilities, operational capabilities and innovation performance: Considering moderating effect of environmental dynamism ［J］. Journal of Technology Innovation, 2020, 28 (4): 27 – 62.

［167］ Peng, D. X. , Schroeder, R. G. & Shah, R. Linking routines to operations capabilities: A new perspective ［J］. *Journal of Operations Management*, 2008, 730 – 748.

［168］ Penrose, E. Theory of the growth of the firm ［J］. *Journal of the Operational Research Society*, 1959, 23 (2): 240 – 241.

［169］ Pettit, T. J. , Croxton, K. L. , & Fiksel, J. Ensuring supply chain resilience: Development and implementation of an assessment tool ［J］. *Journal of Business Logistics*, 2013, 34 (1): 46 – 76.

［170］ Pisano, G. , & Teece, D. J. How to capture value from innovation: Shaping intellectual property and industry architecture ［J］. *California Management Review*, 2007, 50 (1): 278 – 296.

［171］ Pituch, K. A. , Whittaker, T. A. , & Stapleton, L. M. A comparison of methods to test for mediation in multisite experiments ［J］. *Multivariate Behavioral Research*, 2005, 1 – 23.

［172］ Ponomarov, S. Y. , & Holcomb, M. C. Understanding the concept of supply chain resilience ［J］. *International Journal of Logistics Management*, 2009, 20 (1): 124 – 143.

［173］ Porter, M. *The competitive advantage of nations* ［M］. Macmillan, London, 1990.

［174］ Preacher, K. J. , & Hayes, A. F. Asymptotic and resampling strategies for assessing and comparing indirect effects in multiple mediator models ［J］. *Behavior Research Methods*, 2008 （40）: 879 – 891.

［175］ Puspita, L. E. , Christiananta, B. , & Ellitan, L. The effect of strategic orientation, supply chain capability, innovation capability, on competitive advantage and performance of furniture retails ［J］. *International Journal of Scientific & Technology Research*, 2020, 9 （3）: 4521 – 4529.

［176］ Rajabian Tabesh, A. , Batt, P. J. , & Butler, B. Modelling the impact of environmental and organizational determinants on green supply chain innovation and performance ［J］. *Journal of Food Products Marketing*, 2015, 22 （4）: 436 – 454.

［177］ Rajaguru, R. , & Matanda, M. J. Effects of inter-organizational compatibility on supply chain capabilities: Exploring the mediating role of inter-organizational information systems （IOIS） integration ［J］. *Industrial Marketing Management*, 2013, 42 （4）: 620 – 632.

［178］ Rajapathirana, R. P. J. , & Hui, Y. Relationship between innovation capability, innovation type, and firm performance ［J］. *Journal of Innovation & Knowledge*, 2018, 3 （1）: 44 – 55.

［179］ Rice, J. B. , & Caniato, F. Building a secure resilient supply network ［J］. *Supply Chain Management Review*, 2003, 7 （05）: 22 – 30.

［180］ Richey, R. G. , & Autry, C. W. Assessing interfirm collaboration/technology investment tradeoffs [J]. *The International Journal of Logistics Management*, 2009, 20 (1): 30 – 56.

[181] Richey, R. G. , Chen, H. Z. , Genchev, S. E. , Daugherty, P. J. Developing effective reverse logistics programs [J]. *Industrial Marketing Management*, 2005 (34): 830 – 840.

[182] Rigdon, E. A necessary and sufficient identification rule for structural equation models estimated [J]. *Multivariate Behavioral Research*, 1995, 30 (3): 359 – 383.

[183] Rogers, E. M. *Diffusion of innovations*. 4 th Ed [M]. New York: Free Press, 1995.

[184] Rothwell, R. Successful industrial innovation: Critical factors for the 1990s [J]. *R&D Management*, 1992, 22 (3): 221 – 240.

[185] Sahin, F. , & Robinson, E. P. Flow coordination and information sharing in supply chains: Review, implications, and directions for future research [J]. *Decision Sciences*, 2002, 33 (4): 505 – 536.

[186] Salerno, M. S. , de Vasconcelos Gomes, L. A. , Oliveira da Silva, D. , Barros Bagno, R. , & Uchôa Freitas, S. L. T. Innovation processes: Which process for which project? [J]. *Technovation*, 2015 (35): 59 – 70. http: //dx. doi. org/10. 1016/j. technovation. 2014. 07. 012i.

[187] Schaeck, K. & Cihák, M. Competition, efficiency, and-stability in banking [J]. *Financial Management*, 2014, 43 (1): 215 – 241.

[188] Scholten, K. , & Schilder, S. The role of collaboration in

supply chain resilience ［J］. *Supply Chain Management*：*An International Journal*, 2015, 20 （4）：471 – 484.

［189］ Schreyögg, G. & Kliesch – Eberl, M. How dynamic can organizational capabilities be? Towards a Dual – Process model of capability dynamization ［J］. *Strategic Management Journal*, 2007, 28 （9）：913 – 933.

［190］ Schumpeter, J. A. *The theory of economic development* ［M］. Cambridge Mass：Harvard University Press, 1934.

［191］ Seo, Y. J. , Dinwoodie, J. , & Kwak, D. W. The impact of innovativeness on supply chain performance：Is supply chain integration a missing link? ［J］. *Supply Chain Management*：*An International Journal*, 2014, 19 （5/6）：733 – 746.

［192］ Shabani, A. , Torabipour, S. M. R. , & Saen, R. F. A new super-efficiency dual-role FDH procedure：An application in dairy cold chain for vehicle selection ［J］. *International Journal of Shipping and Transport Logistics*, 2015, 71 （4）：426 – 456.

［193］ Shamout, M. D. Does supply chain analytics enhance supply chain innovation and obustness capability? ［J］. *Organizacija*, 2019, 52 （2）：95 – 106. doi：10. 2478/orga – 2019 – 0007.

［194］ Shao Xin-xin, Gao Kuo & Kang Tae – Won. Research on the supply chain risk of fresh agricultural products based on Analytic Hierarchy Process ［J］. *Korea & China Social Sciences Research*, 2019, 17 （1）：7 – 24.

［195］ Sharma, S. , & Pai, S. S. Analysis of operating effectiveness of a cold chain model using Bayesian networks ［J］. *Business*

Process Management Journal, 2015, 21 (4): 722 – 742.

［196］ Shashi, S. , & Singh, R. A key performance measures for evaluating cold supply chain performance in farm industry ［J］. *Management Science Letters*, 2015 (5): 721 – 738. doi: 10. 5267/j. msl. 2015. 6. 005.

［197］ Sheffi, Y. , & Rice Jr, J. B. A supply chain view of the resilient enterprise ［J］. *Mit Sloan Management Review*, 2005, 47 (1): 23 – 29.

［198］ Shih, C. W. , & Wang, C. H. Integrating wireless sensor networks with statistical quality control to develop a cold chain system in food industries ［J］. *Computer Standards & Interfaces*, 2016 (45): 62 – 78.

［199］ Shore, B. , & Venkatachalam, A. R. Evaluating the information sharing capabilities of supply chain partners: A fuzzy logic model ［J］. *International Journal of Physical Distribution & Logistics Management*, 2003, 33 (9/10): 804 – 824.

［200］ Sinha, P. R. , Whitman, L. E. & Malzahn, D. Methodology to mitigate supplier risk in an aerospace supply chain ［J］. *Supply Chain Management: An International Journal*, 2004, 154 – 168.

［201］ Sobel, M. E. Asymptotic confidence intervals for indirect effects in structural equation models. In S. Leinhardt (Ed.), *Sociological methodology*. Washington, DC: American Sociological Association, 1982.

［202］ Steiger, J. H. Structure model evaluation and modification: An interval estimation approach ［J］. *Multivariate Behavioral Research*,

1990 （25）: 173 – 180.

［203］ Stundza, T. Supply chain innovation is important. Purchasing, available at: www. purchasing. com/article/354518 – Supply _ chain_innovation_is_important. php.

［204］ Tang, C. S. Perspectives in supply chain risk management [J]. *International Journal of Production Economics*, 2006, 103 （2）: 451 – 488.

［205］ Tang, L. L. Factors influencing supply chain robustness and research on measurement ［J］. *Value Engineering*, 2011, 30 （34）. DOI: 10. 14018/j. cnki. cn13 – 1085/n. 2011. 34. 212.

［206］ Taoukis, P. S. , Gogou, E. , Tsironi, T. , Giannoglou, M. , Dermesonlouoglou, E. , & Katsaros, G. Food cold chain management and optimization ［J］. *Emerging and Traditional Technologies for Safe, Healthy and Quality Food*, 2015, 285 – 309. doi: 10. 1007/ 978 – 3 – 319 – 24040 – 4_16.

［207］ Teece, D. J. Dynamic capabilities and entrepreneurial management in large organizations: Toward a theory of the （entrepreneurial） firm ［J］. *European Economic Review*, 2016 （86）: 202 – 216.

［208］ Teece, D. J. Explicating dynamic capabilities: The nature and microfoundations of （sustainable） enterprise performance ［J］. *Strategic Management Journal*, 2007, 28 （13）: 1319 – 1350.

［209］ Teece, D. J. , Pisano, G. , & Shuen, A. Dynamic capabilities and strategic management ［J］. Strategic Management Journal, 1997, 18 （7）: 509 – 533.

［210］ Teece, D. J. The foundations of enterprise performance:

Dynamic and ordinary capabilities in an (economic) theory of firms [J]. *Academy of management Perspectives*, 2014, 28 (4): 328 – 352.

[211] Tippins, M. J., & Sohi, R. S. IT competency and firm performance: Is organizational learning a missing link? [J]. *Strategic Management Journal*, 2003, 24 (8): 745 – 761.

[212] Tsang, Y. P., Choy, K. L., Wu, C. H., Ho, G. T. S., Lam, C. H. Y., & Koo, P. S. An internet of things (IoT) – based risk monitoring system for managing cold supply shain risks [J]. *Industrial Management and Data Systems*. doi: 10. 1108/imds – 09 – 2017 – 0384.

[213] Un, C. A., & Asakawa, K. Types of R&D collaborations and process innovation: The benefit of collaborating upstream in the knowledge chain [J]. *Journal of Product Innovation Management*, 2015, 32 (1): 138 – 153.

[214] Visnjic, I., Wiengarten, F., & Neely, A. Only the brave: Product innovation, service business model innovation, and their impact on performance [J]. *Journal of Product Innovation Management*, 2014, 33 (1): 36 – 52. doi: 10. 1111/jpim. 12254.

[215] Vlajic, J. V., van Lokven, S. W. M., Haijema, R., & van der Vorst, J. G. A. J. Using vulnerability performance indicators to attain food supply chain robustness [J]. *Production Planning & Control*, 2012, 24 (8 – 9): 785 – 799. doi: 10. 1080/09537287. 2012. 666869.

[216] Wagner, S. M. Innovation management in the German transportation industry [J]. *Journal of Business Logistics*, 2008, 29

(2)：215 – 231.

[217] Walker, R. M. Internal and external antecedents of process innovation: A review and extension [J]. *Public Management Review*, 2014, 16 (1)：21 – 44. doi：10. 1080/14719037. 2013. 771698.

[218] Wang, Y. , & Hao, H. Research on the supply chain risk assessment of the fresh agricultural products based on the improved TOPTSIS Algorithm [J] . *Chemical Engineering Transactions*, 2016 (51)：445 – 450.

[219] Waters, D. *Supply chain risk management: Vul-nerability and resilience* [J]. The Chartered Institute of Logistics and Transportation, London, 35 – 50.

[220] Wen, Z. , Marsh, H. W. , & Hau, K. T. Structural equation models of latent interactions: An appropriate standardized solution and its scale-free properties [J]. *Structural Equation Modeling*, 2010, 17 (1)：1 – 22.

[221] Wernerfelt, B. A resource-based view of the firm [J]. *Strategic Management Journal*, 1984, 5 (2)：171 – 180.

[222] Wieland, A. , & Wallenburg, C. M. Dealing with supply chain risks – Linking risk management practices and strategies to performance [J]. *International Journal of Physical Distribution & Logistics Management*, 2012, 42 (10)：887 – 905.

[223] Wieland, A. , & Wallenburg, C. M. The influence of relational competencies on supply chain resilience: A relational view [J]. *International journal of Physical Distribution & Logistics Management*, 2013, 43 (4)：300 – 320.

[224] Winter, S. G. Understanding dynamic capabilities [J]. *Strategic Management Journal*, 2003, 24 (10): 991 – 995.

[225] Wu, F., Yeniyurt, S., Kim, D., & Cavusgil, S. T. The impact of information technology on supply chain capabilities and firm performance: A resource-based view [J]. *Industrial Marketing Management*, 2006, 35 (4): 493 – 504.

[226] Wu, G. C. The influence of green supply chain integration and environmental uncertainty on green innovation in Taiwan's IT industry [J]. *Supply Chain Management: An International Journal*, 2013, 18 (5): 539 – 552.

[227] Wu, I. L., Chang, C. H. Using the balanced scorecard in assessing the performance of e – SCM diffusion: A multi-stage perspective [J]. *Decis Support Syst*, 2012 (52): 474 – 485.

[228] Wuttke, D. A., Blome, C., Foerstl, K., Henke, M. Managing the innovation adoption of supply chain finance empirical evidence from six european case studies [J]. *Journal of Business Logistics*, 2013, 34 (2): 148 – 166.

[229] Yonghong, Z., Zigang, Z. & Kaijin, L. Impact of technological innovation on growth trajectory of entreprise's technological capability: A theoritical analysis [J]. *Singapore Management Review*, 2005, 27 (2): 81 – 101.

[230] Yuan, Z., & Yuan, J. Subletting the resource-based view and the capability-based view of the firm-the construction of a management theory frame for analyzing competitive advantage [C]. 2007 *Proceedings of International Conference on Enterprise and Management Inno-*

vation.

［231］ Zhang, W. , Zhang, Q. , Wu, G. Interorganizational knowledge division decision model based on cooperative innovation of supply chain system. *Abstr Appl Anal*, 2014 (2014): 1 - 9.

［232］ Zhao, K. , Kumar, A. , Harrison, T. P. , & Yen, J. Analyzing the resilience of complex supply network against random and targeted disruptions ［J］. *Systems Journal*, *IEEE*, 2011, 5 (1): 28 - 39. doi: 10. 1109/JSYST. 2010. 2100192.

［233］ Zhao, X. , Lynch Jr. , J. G. , & Chen, Q. Reconsidering baron and kenny: Myths and truths about mediation analysis ［J］. *Journal of Consumer Research*, 2010 (37): 197 - 206.

［234］ Zollo, M. , Winter, S. G. Deliberate learning and the evolution of dynamic capabilities ［J］. *Organization Science*, 2002, 13 (3): 339 - 351.